개념 청소년을 위한 역사 마주하기

그림으로 읽는
역사

건축으로 읽는
시대역사연구소
역사

그림으로 읽는 역사 건축으로 읽는 역사

| 발 행 일 | 2017년 12월 5일 |
| 인 쇄 일 | 2017년 10월 25일 |

편   저 시대역사연구소
발 행 인 박영일
책임편집 이해욱

편집진행 이세경·박가온
표지디자인 김미숙
본문디자인 임아람

발 행 처 (주)시대인
공 급 처 (주)시대고시기획
출판등록 제10-1521호
주   소 서울특별시 마포구 큰우물로 75 [도화동 538 성지 B/D] 6F
전   화 1600-3600
팩   스 02-701-8823
홈페이지 www.sidaegosi.com

I S B N 979-11-254-3691-1(13900)
가   격 14,000원

※ 저자와의 협의에 의해 인지를 생략합니다.
※ 잘못된 책은 구입하신 서점에서 바꾸어 드립니다.
※ 이 책은 저작권법에 의해 보호를 받는 저작물이므로 동영상 제작 및 무단전재와 복제를 금합니다.

개념 청소년을 위한 역사 마주하기

그림으로 읽는 역사
건축으로 읽는 역사

시대역사연구소

머리글

눈이 아닌 가슴으로 역사 마주하기

여행을 가면 맛있는 음식도 찾아 먹기도 하고, 자연풍경을 찾아 휴식을 갖기도 한다. 그리고 일부러 동선을 짜가며 미술관을 찾고, 또 유명 건축물을 찾아 나선다. 학교에서 배운, 더러는 책에서 본 적 있는 그림과 건축물을 실제 내 눈으로 보기 위해서다.

왜?

답을 못해도 상관없다. 또 의도가 무엇이든 상관없다. 뭐, 진짜로 존재하는지를 확인하겠다는 의심병 환자의 확인과정이면 어떤가. 존재를 확인하고 나름의 감상을 하는 동안 저절로 생기는 감동만 있으면 그만이지. 물론 상상했던 것보다 못해서 실망할 수도 있겠지만, 뭐 어떤가. 우리는 미술 평론가도 아니고, 건축 전문가도 아닌걸.

하지만 아쉽다.
"저 그림은 왜 저렇지?"
또는
"저 건물은 왜 저 모양이지"
그저 보기만 하는 것으로는 이런 의문에 답을 얻을 수가 없으니까.

그림에는 그 시대의 상황이 녹아 있다. 당대의 사회상을 충실하게 반영했던 그림은 오랜 세월이 지난 후 그 자체가 역사가 된다. 그림 속에 숨겨진 사회 현실을 파악한다면 승자에 의해 쓰인 왜곡된 역사가 아닌 진실된 역사를 마주할 수도 있다.

무언가를 짓고자 하는 인간의 의지는 안락한 은신처를 찾는 자연스럽고도 근본적인 욕구에 따른다. 그렇기에 건축은 태초부터 현재까지 인간의 삶 속에 항상 존재해왔다. 문명을 발달시켜온 과정, 사회구조의 변화, 권력의 형성 과정 등이 건물을 통해 드러나고 있는 것이다. 건물이 품은 시(時)·공(空)간, 그리고 그 안에서 펼쳐졌던 사건들을 이해한다면 살아 있는 역사를 마주할 수 있다.

이 책으로 어려운 미술기법을 설명하려는 것도 아니고, 그게 그거 같은데 구분하라고 하는 건축양식을 구구절절 설명하려는 것도 아니다. 세상 모든 것에는 원인이 있고 과정이 있으며, 결과가 있다. 우리의 삶이 그렇고, 세상 일이 그렇다. 그리고 그림도, 건물도 그렇다. 이 책은 보는 것만으로는 도무지 알 수 없는 그 '원인 – 과정 – 결과'라는 세상 이치에 소소한 답을 달아보겠다는 발칙한 의도로 시작되었다.

이 책은 소망한다. 그림에, 건물에 숨어 있는 시대와 사건으로 그것에 투영되어 있는 인간의 의지를 찾아보기를….

또한 눈으로 스치는 단순한 경험을 가슴으로 받아들이는 시작이 되기를 ….

목차

1부 그림으로 읽는 역사
- 그림은 가장 진실한 시대의 기록이다 -

아름다운 농촌 풍경에 숨은 처절한 현실
- 이삭 줍는 여인들 -
Des Glaneuses
04

전쟁, 그 잔혹성에 관한 고발
- 한국에서의 학살 -
Massacre en Corée
10

돈에 눈먼 자에게 보내는 엄준한 경고
- 환전상과 그의 아내 -
De Geldwisselaar en Zijn Vrouw
18

탐욕에 눈먼 자들의 몰락
- 튤립광기에 대한 풍자 -
Persiflage auf die Tulpomanie
27

삼등열차에 실린 삶의 무게
- 삼등열차 -
Le Wagon de Troisième Classe
34

잊히지 않는 그날의 기억
- 메두사호의 뗏목 -
Le Radeau de la Méduse
40

적시하라, 답은 현실에 있다
- 다림질하는 여인들 -
Les Repasseuses
48

죽음의 공포, 죽음의 광기
- 페스트 -
Die Pest
56

혁명가의 희생인가, 공포정치의 대가인가
- 마라의 죽음 -
La Mort de Marat
66

해가 지지 않는 과거의 영광에 바치다
- 해체를 위해 마지막 정박지로 예인되는 전함 테메레르 -
The Fighting Temeraire tugged to her last berth to be broken up
77

살아 숨 쉬는 현실의 투영
- 바벨탑 -
De Toren van Babel
88

시선으로 시선을 잡다
- 니콜라스 튈프 박사의 해부학 강의 -
De Anatomische les van Dr. Nicolaes Tulp
99

목 차

2부 건축으로 읽는 역사
- 건축은 역사의 부분이고 과정이며 미래다 -

신에게 바치는 거룩한 지혜
- 아야소피아 대성당 -
Ayasofya Camii
112

사랑이 남긴 영혼의 궁전
- 타지마할 -
Taj Mahal
126

절대왕정의 절대적 상징
- 베르사유 궁전 -
Château de Versailles
138

자연과 예술이 어우러진 동화 속의 성
- 노이슈반슈타인 -
Neuschwanstein
148

창조적 재능이 발현된 최고의 결실
- 쾰른 대성당 -
Kölner Dom
158

천사가 설계한 신성한 공간
- 판테온 -
Pàntheon
170

석가모니 생전 유일한 황금의 언덕
- 슈에다곤 불탑 -
Shwedagon paya
182

르네상스의 불길을 당기다
- 산타 마리아 델 피오레 대성당 -
Cattedrale di Santa Maria del Fiore
192

물러서지 않은 도전정신의 상징
- 에펠 탑 -
Tour Eiffel
200

베네치아 대운하의 보석
- 리알토 다리 -
Ponte di Rialto
208

세계를 밝히는 자유
- 자유의 여신상 -
Statue of Liberty
219

신기술과 개혁정신이 빚은 위대한 유산
- 화성(華城) -
228

그림에는 알게 모르게 그 시대의 상황이 녹아 있다.
당대의 사회상을 충실하게 반영했던 뛰어난 그림은
오랜 세월이 지난 후 그 스스로 역사가 된다.
그림 속에 숨겨진 사회 현실을 파악한다면
승자에 의해 쓰인 왜곡된 역사가 아닌
진실과 마주할 수 있다.

화가 / 발표시기 / 유형
크기 / 소장

1부
그림으로
읽는 역사

그림은
가장 진실한 시대의 기록이다

아름다운 농촌 풍경에 숨은
처절한 현실

– 이삭 줍는 여인들 Des Glaneuses

막바지에 접어든 추수의 현장, 세 여인이 수확을 끝낸 보리밭에 떨어져 있는 보리 이삭들을 하나하나 줍고 있다. 농촌 풍경의 평화로운 한 장면이라고 여겨지기 쉽겠지만, 작품을 자세히 살펴보면 여인들의 처절한 현실이 숨겨져 있다. 그 답은 여인들이 아니라 여인들의 뒤쪽에 있다. 한 해 동안 지은 농사의 결과물이 산더미처럼 쌓여 있지만, 이는 여인들과 전혀 관계가 없다. 실제로 이 광활한 보리밭의 주인은 이 여인들이 아니니까. 오른쪽 상단에 말을 타고 감독하고 있는 사람, 아마도 그가 이 넓은 보리밭의 주인일 것이다.

극빈층에게 베푸는 부농의 특권

19세기 프랑스에서 이삭줍기란 농촌의 극빈층에게 베풀어주는 부농만이 가진 일종의 특권이었다. 이삭줍기를 할 수 있는 사람들은 농민 중에서도 극빈자들이었고, 이것 역시 허가를 받은 사람만 할 수 있었다. 굶주린 사람들의 숫자에 비해 남아 있는 이삭의 양이 턱없이 부족했기 때문이었다. 그나마도 이삭줍기는 늘 엄격한 관리 속에서 이루어졌다. 이러한 이삭줍기는 고대 유대교 교리의 영향이 프랑스 농경사회의 풍습으로 굳어진 것으로 보인다.

네가 농장에서 수확할 때에는
남이 그 떨어진 이삭을 줍는 것을 막지 마라.
이삭을 주우려 하는 이들은 가난한 여인과 아이들이니,
그리하면 너의 주님은 네 밭에서
더욱 풍성하게 수확할 수 있도록 해주실 것이다.

장 프랑수아 밀레(프랑스) / 1857년 / 유화
111.8×83.8cm / 오르세 미술관(프랑스 파리)

쥘 브르통의 '이삭 줍고 돌아오는 여인들'(1859)

화폭 속 여인들은 땅 속으로 푹 꺼져버릴 듯한 고된 자세로 열심히 이삭을 줍고 있다. 가족들의 생계를 위해 허리를 굽혔다 일으키는 수고를 마다하지 않는다. 그래야만 고통스러운 굶주림에서 조금이나마 벗어날 수 있었으니까.

작품에 대한 끊임없는 논란과 그 배경

밀레는 1857년 파리 살롱전에다 '이삭 줍는 여인들'을 비롯해 몇 점의 작품들을 출품했다. 그런데 보수적인 평론가들은 밀레의 작품들에 대해 '농촌의 빈곤을 과장한 위험한 사회주의적 선동'으로 평가했다. 이삭줍기로 연명하는 빈농의 모습과 황금색으로 빛나는 곡식이 대조되면서 빈부격차를 고발하고 노동자를 암묵적으로 선동한다는 것이었다. 이러한 논란의 배경에는 시대적 상황이 자리한다.

밀레가 활동하던 19세기의 프랑스는 1830년의 7월 혁명, 1848년의 2월 혁명 등 수차례 정치적 변화를 겪고 있었다. 이러한 변화는 기나긴 역사 속에서 단 한 번도 정치무대에 드러난 적이 없었던 가난한 농민들도 사회의 변혁을 이끌어내는 권력집단이 될 수 있음을 보여주었다. 하지만 이미 권력집단으로 성장해 있던 부르주아들에게 농민이 정치세력으로 커져가는 것은 불편한 일이었고, 그래서 경계하고 있었다. 당연히 '고된 농민들의 삶'을 주제로 한 작품이 달가울 리 없었다.

밀레 이전에는 작품 속 농민들은 대체로 전원 속에 하나의 소도구였다. 그러나 밀레의 작품 속에서 그들은 사회 하류계급이라는 지위와는 달리 당당하고 건강했으며, 정직하고 진실했다. 그러니 또 다른 사회폭동의 가능성을 경계하던 부르주아들에게는 밀레가 작품을 통해 억압된 농민을 대변하고 있는 것처럼 여겨졌을 것이다.

밀레가 그린 고귀한 노동의 가치

때문에 부르주아가 물주일 수밖에 없는 평단의 비평은 혹독했고, 그림은 팔리지 않았다. 덕분에 밀레는 돈이 없어 물감을 사지 못할 정도로 궁핍한 생활을 이어가야만 했다. 주변은 부르주아의 입맛에 맞는 그림을 그리라고 충고했다. 하지만 밀레는 굴복하지 않았다. 밀레에게 소중한 것은 멸시받고 가난했던, 누구도 눈여겨보지 않는 고된 농민들의 삶에 담겨 있는 진정성이기 때문이었다. 또한 그들의 고달픈 삶을 대하는 밀레 자신의 진정성 때문이었다.

밀레는 파리에서의 생활을 좋아하지 않았던 것으로 보인다. 마지막까지도 자신이 화려한 도시가 아닌 시골 출신이라는 것을 완고하리만치 주장했던 것도 그런 이유 때문이 아닐까 싶다.

나는 파리 사람처럼 우아한 척을 하는 사람이 아닙니다.
나는 파리의 응접실을 장식하는 예술이나 하는 사람이 아닙니다.
나는 농부로 태어났으며 농부로 죽을 것입니다.
나는 어디까지나 땅에 머무를 것이며,
나막신의 폭 만큼도 후퇴를 하지는 않을 생각입니다.

1 '키질하는 농부'(1866~1868)
2 '경작하는 농부'(1847~1850)
3 '낮잠'(1866)

1부 그림으로 읽는 역사

7월 혁명과 2월 혁명

　1789년 프랑스 대혁명으로 루이 16세로 이어진 부르봉 왕가가 몰락한 이후 프랑스의 정치 체제는 공화정과 나폴레옹에 의한 제정국가로 이어졌다. 하지만 이마저도 몰락하자 부르봉 왕가가 다시 부활했다. 이들은 점차 언론·출판의 자유를 박탈하고, 의회를 강제로 해산시키는 등 자유주의를 탄압했다. 이에 1830년 7월 분노한 파리의 시민과 민중들이 왕을 몰아내고 '시민의 왕'으로 불리던 루이 필리프를 왕으로 추대했으니 바로 7월 혁명이다. 이후 혁명의 기운은 주변 국가로 확산되어 벨기에의 독립과 유럽 각지의 자유주의 운동을 불러왔다.

　하지만 새로 들어선 루이 필리프의 7월 왕정은 시민의 기대와는 달리 또 다시 언론·출판의 자유를 제한하고 개혁을 위한 집회를 탄압하는 정책을 실시하여 국민들의 불만을 샀다. 그뿐이 아니었다. 산업혁명이 본격적으로 진행됨에 따라 공장 노동자의 수가 크게 증가하고 이들이 정치세력으로 성장했는데, 루이 필리프는 새로운 경제·사회적 변화들을 무시했다. 새로운 세력이 요구하는 '선거권 확대'를 인정하지 않았고 노동자들의 정치 세력화를 막았다. 여기에 경제 상황마저 어려워지고 있었다. 치솟는 물가를 잡지 못했던 것이다. 결국 선거권을 갖지 못한 중소시민과 노동자들이 1848년 2월에 봉기하고 만다. 바로 2월 혁명이다. 2월 혁명으로 프랑스에서는 입헌군주정을 대신하여 다시 공화정이 수립되었다.

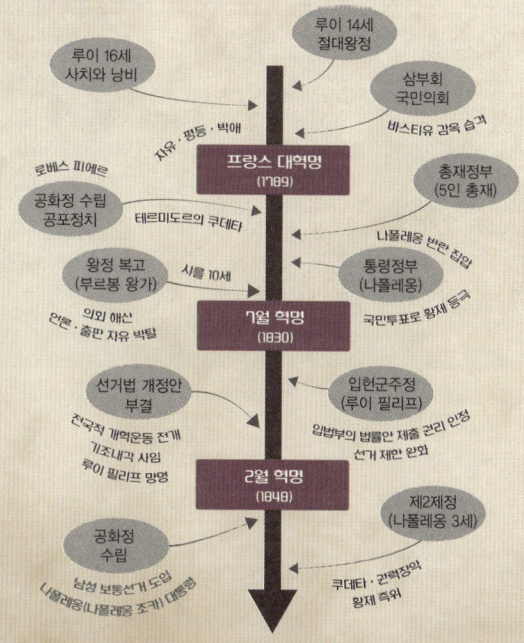

전쟁,
그 잔혹성에 관한 고발

— 한국에서의 학살 Massacre en Corée

파블로 피카소(에스파냐) / 1951년 / 패널에 유채
110×210cm / 피카소 미술관(프랑스 파리)

1부 그림으로 읽는 역사

피카소는 20세기 최고의 화가를 넘어 미술의 역사가 시작된 이래로 불멸의 족적을 남긴 대표적인 화가다. 독창성과 개성이 뚜렷한 여러 작품을 남겼고, 그로 인해 현대 미술사에서 전설이 되었다. 그런데 이렇듯 전설적인 화가 피카소가 아무런 연관도 없는, 지구 반대편에서 벌어진 한국전쟁을 소재로 그림을 그렸다. 왜?

머리보다 가슴으로 이어진 비극의 트라우마

1950년에 발발한 한국전쟁은 제2차 세계대전이 끝나고 세계의 정치적 이념이 자본주의와 공산주의로 재편된 상태에서 터진 최초의 전쟁이었다. 최초의 이데올로기 전쟁이라는 이유로 그 전황이 연일 세계 뉴스의 탑에 올랐다. 하지만 당시 유럽의 인식 속에서 한국은 어디에 있는지도 알 수 없는 그저 그런 나라였다. 그것은 피카소에게도 마찬가지였다. 그러나 연일 보도되는, 어디에 있는지조차 막연한 생소한 땅에서 벌어지고 있는 전쟁의 처참함과 참혹함은 결코 남의 일 같지 않았다. 자신의 고향인 에스파냐 게르니카에 있었던 비극을 트라우마처럼 가슴에 안고 있었기 때문이었다.

1936년 7월 17일 프랑코의 쿠데타로 시작되어 1939년 4월 1일에 끝난 에스파냐 내전이 한창이었던 1937년 4월 26일 오후 4시 30분경, 바스코 지방의 한 작은 마을인 게르니카에 최신 기종의 전투기가 나타났다. 히틀러가 프랑코를 돕기 위해 보낸 전투기였다. 그리고 이어서 엄청난 양의 폭탄이 무차별로 투하되기 시작했다. 나치 비행기의 성능을 시험해보기 위해서였다는 소문도 있었다. 마을이 불타서 연기 때문에 아무것도 보이지 않는 지경이 되었는데도 폭격은 계속되었다. 결국 인구의 3분의 2가 사망하거나 부상당했다. 사망자만 1,540여 명 이상이라고 알려져 있다. 이른바 '게르니카 폭격사건'이다.

프랑코의 쿠데타 세력을 지원한 독일 나치의 무차별 폭격으로 1,540여 명의 게르니카 민간인들이 학살당했다.

당시 56세였던 피카소는 게르니카가 독일 전투기에 폭격당했다는 뉴스를 접했고, 분노에 휩싸인 채 붓을 들었다. 폭격이 일어난 지 사흘 뒤였다. 이렇게 탄생한 작품이 바로 '게르니카'다. 그런 피카소에게 들려온 한국에서의 소식은 무고한 사람들을 향한 전쟁의 광기라는 의미에서 에스파냐 내전과 맥을 같이했다. 피카소는 다시 붓을 들었다. 그리고 '게르니카'에 이어 민족 대학살을 고발하는 또 하나의 작품을 완성시켰다. 전쟁이 갖고 있는 잔혹성을 사회에 알리고자 한 '한국에서의 학살'이 그것이다.

전쟁을 고발하다

'한국에서의 학살'은 그림의 가운데를 경계로 선과 악의 대립이 확연히 드러난다. 작품 우측에 총을 발사하고 있는 병사들은 로봇처럼 잔인하다. 그들의 철모는 모든 감정으로부터 병사들을 격리시켜 냉담하게 의무를 완수하게 할 뿐이다. 이들의 가장 오른쪽에 위치한, 유일하게 얼굴을 가리지 않은 인물은 병사들에게 발포를 재촉하는 지휘자로서 병사들의 양심을 조종하고 무감각한 살인기계로 만드는 당시의 이념을 상징한다.

작품의 좌측에는 병사들과 극명히 대비되는 벌거벗은 여인과 아이들이 서 있다. 여자, 노약자, 어린이들은 전쟁 중에 강간·처형·굶주림 등에 무방비 상태로 노출될 수밖에 없다. 벌거벗은 여성으로 가혹한 상황에서 무방비한 사람들을, 임산부로 아직 세상의 빛을 보지도 못한 태아의 죽음을 암시함으로써 전쟁을 노골적으로 고발한다.

'게르니카'(1937)

어느 곳에서도 환영받지 못한 작품

'한국에서의 학살'은 1951년 4월, 파리에서 처음 전시되었다. 그러자 해석을 두고 논란이 일었다. 논란의 핵심은 피카소가 사회주의자이자 공산주의자라는 것이었다. 당시 세계는 제2차 세계대전을 종식하고 양 이데올로기의 맞대결이 고조되고 있는 상황이었다. 이런 때에 '한국에서의 학살'은 공산당으로부터는 학살의 주체가 선명하지 않다는 불만을 들었고, 미국을 위시한 자유진영으로부터는 '피카소가 공산주의자들을 대표하여 미국을 한국전쟁의 원흉으로 몰고 간다'는 비난을 들었다. 심지어 미국 연방수사국(FBI)은 피카소를 공산주의자들의 선전책동에 동원된 위험인물이자 공산주의자인 것은 물론이고 심지어 소련의 첩자로 분류하여 25년간 그를 사찰하기까지 했다.

작품에 대한 정치적 논란은 우리나라에서도 있었다. 작품의 소재인 '황해도 신천군 민간인 학살'이 우익에 의해 발생한 민간인 학살의 대표적인 사례라는 게 문제였다. 한국전쟁 발발 당시 이승만 정권은 서북청년단, 토벌대, 대한청년단 등의 우익단체는 물론이고 한국군으로 하여금 공산주의자를 색출한다는 명목 아래 민간인 학살을 자행했다. 하지만 이후 정권은 우익에 의한 학살을 공산주의자의 처단이라고 변명하며 민간인을 학살한 것을 철저히 숨겼고, 진실을 외면·왜곡한 데 이어 진실을 표현하는 모든 행위를 공산주의 세력에 동조하는 것으로 매도하고 탄압했다. 즉, 한국 정부에게 '한국에서의 학살'은 피카소가 공산주의자인 것보다 숨기고 싶었던 정권의 과오를 폭로하는 작품이었던 것이다. 결국 '한국에서의 학살'은 '이적 출판물'의 한 유형으로 분류되어 한동안 언론매체나 화집에 소개될 수 없었다.

전쟁의 불안과 증오에 대한 고발

결국 어느 진영으로부터도 환영받지 못한 작품이 되고 만 '한국에서의 학살'에 대해 정작 피카소는 자신이 이야기하고 싶은 것은 미국도, 구소련도 아닌 '전쟁 그 자체'라고 말했다.

> 나는 남들처럼 불안과 증오로 가득 찬
> 전쟁의 위협에 다년간 시달렸고,
> 이 작품은 그 불안과 증오를 극복하고자 했던
> 결과로 얻어진 것이다.

이 작품이 누구를 겨냥한 것인지는 더 이상 중요한 문제가 아니다. 전쟁이 일으키는 잔인성, 약자와 무방비 상태에 있는 사람들을 짓밟는 처참함을 강력히 고발하는 것만으로도 이 작품은 큰 의미를 갖는다. 이데올로기적인 해석에서 벗어나 전쟁의 민낯을 담은 그림 그 자체로 평가받을 수 있어야 할 것이다.

황해도 신천군 민간인 학살

1950년 한국전쟁이 한창인 무렵 인천상륙작전 이후 한국군과 유엔군이 북진하는 과정에서 발생했던 민간인 학살사건으로 알려져 있다. 미군이 신천군 인구의 약 4분의 1에 해당하는 3만 5,383명을 살해했다는 소문이 전해지면서 전 세계의 좌익이나 진보운동 진영의 공분을 불러일으켰다. 북한과 중국은 오늘까지도 '미군이 자행한 것'이라고 주장하고 있다.

그러나 한국전쟁 전문가의 연구에 의하면 한국군과 유엔군이 북진하고 있다는 정보를 입수한 반공우익 민간인들에 의해 저질러진 사건일 가능성이 크다. 즉, 북한군이 황해도에서 퇴각하면서 우익 민간인 400여 명을 살해하자 한국군의 북진에 앞서 광복동지회를 결성한 신천 지역 우익인사들이 10월 13일 공산정권에 부역한 자들을 닥치는 대로 숙청했고, 그 결과 600여 명의 좌익인사들이 살해당했다는 것이다.

한국전쟁 때의 대표적인 민간인 학살사건들

- **거창 양민 학살**
  1951년 2월, 군·경·공무원과 유력인사의 가족만을 가려낸 뒤 빨치산 또는 빨치산과 내통했다는 죄목으로 570명을 학살(그중 젖먹이부터 16세까지의 아이들이 327명이었고, 나머지는 노약자와 부녀자였으나 군은 '공비들과 내통한 자 187명을 학살했다'고 보고)

- **창원 괭이바다 선상 민간인 학살**
  1950년 6~9월, 당시 마산형무소에 수감됐던 국민보도연맹원 등 민간인 1,681명을 괭이바다로 끌고 가 학살

- **정촌면 민간인 학살사건**
  1950년 7월, 미국 CIC대원들(육군 특무대 소속)과 대한청년단이 경북 진양군 정촌면 범골 뒷산에서 약 500여 명의 민간인을 트럭에 태워 산골짜기로 끌고 간 다음에 뒷짐을 지운 채로 총살

- **노근리 민간인 학살**
  1950년 7월, 충북 노근리에서 피난 중이던 주민들에게 미군이 발포, 300여 명을 학살
- **여양리 민간인 학살**
  1950년 7월, 경남 마산 여양리에서 200여 명의 보도연맹원과 민간인 학살

한국전쟁 당시 맥아더 유엔군 사령관도 미군에 의한 민간인 학살을 묵인한 것으로 알려져 있다.

피난을 돕겠다며 철길 아래로 피난민을 몰아넣은 후 미군이 비행기 폭격과 기관총 사격으로 300여 명을 학살한 노근리 쌍굴다리에는 아직도 그날의 탄흔이 고스란히 남아 있다.

돈에 눈먼 자에게 보내는 엄중한 경고

– 환전상과 그의 아내 De Gel'dwisselaar en Zijn Vrouw

쿠엔틴 마세이스(네덜란드) / 1514년 / 패널에 유채
71 × 68cm / 루브르 박물관(프랑스 파리)

이 그림의 제목은 '환전상(Money charger)과 그의 아내'라고도 하고, '대부업자(Money lender)와 그의 아내'라고도 한다. 이렇게 두 가지 제목이 있는 이유는 그림이 그려질 당시인 16세기에는 환전상이 대부업자를 겸하는 경우가 대부분이었기 때문이다.

'고리대금업 = 죄악'이었던 때

그림 속 남자는 무표정한 모습으로 부지런하게 각종 금화와 은화와 동전의 무게를 재고 있고, 그 옆에서 성경책을 읽던 부인은 잠시 성경 읽는 것을 멈추고는 남편이 세고 있는 돈을 물끄러미 쳐다보고 있다. 부부의 주변에는 고급 유리병, 귀금속, 책, 이국적인 과일 등 진귀한 물건들이 가득하지만 두 사람의 시선이 모두 '돈'에 쏠려 있다.

중세와 근대에 이르기까지 고리대금은 곧 죄악이었다. 이자를 받지 말라는 성경 구절을 근간으로 이자 수취를 금지하는 법이 엄연히 존재하던 시절이기도 했다. 신성로마제국의 첫 번째 황제이자 서유럽의 기반을 닦았다고 평가받는 샤를마뉴 대제(8세기)는 이자를 받는 대금업을 아예 금지하는 칙서를 발표하기도 했다. 그래서 셰익스피어의 〈베니스의 상인〉에 등장하는 샤일록처럼 고리대금업자들은 사형집행인과 더불어 최악의 인간으로 묘사되곤 했다. 그보다 훨씬 이전 아리스토텔레스도 이런 말을 했다.

말은 새끼를 낳지만 돈은 그렇지 못하다.
그래서 말이나 집을 빌려줄 때는 사용료를 받아도 되지만
돈을 빌려줄 때는 이자를 받아서는 안 된다.

하지만 중세 후기 상업과 국제 무역이 발달하자 사업을 위해 대출을 받는 사람들이 많아졌다. 그러자 이자를 받는 것이 죄악인가 하는 의문이 퍼지기 시작했다. 16세기는 문화와 예술과 상업이 일대 중흥을 이끌어가던 시대이면서 동시에 종교개혁의 시대이기도 했다. 그에 따라 과거의 이자에 대한 뿌리 깊은 부정적 시각과 새로운 긍정적 시각이 혼재하던 시대였다. 결국 1543년에 이자는 종교와 윤리, 그리고 그간의 사회법을 누르고 합법화되기에 이른다.

그림 속 경고의 메시지

이런 시대 속에서 이 그림은 활발한 무역으로 16세기 유럽에서 가장 부유했던 네덜란드 상인들의 일상을 그린 작품이라 할 수 있다. 단순하게 보자면 말이다. 하지만 자세히 들여다보면 작가가 숨겨놓은 메시지를 발견하게 된다.

아내는 성모자가 그려져 있는 성경책을 넘기다가 남편이 하는 일로 시선을 옮긴다. 루브르 박물관의 설명처럼 그녀가 '한낱 부질없는' 속세의 재물에 마음을 빼앗기고 있는 것이다. 이에 작가는, 아니 신은 그녀의 뒤쪽 선반에 있는 불 꺼진 양초로 경고의 메시지를 보낸다.

불에 타서 줄어드는 양초처럼
너희 인간의 생명은 유한하다.
또한 죽음과 함께
세속의 물질은 모두 부질없는 것이 된다.

경고는 이뿐이 아니다. 뒤 선반에 놓여 있는 금빛 사과가 그것이다. 최초의 여인 이브가 뱀에게서 받은 사과는 서양에서 인간이 저지른 원죄를 상징한다. '종교적 신념과 윤리를 따르기보다 물질에 빠져드는 죄를 또 범할 것인가'라는 질문이자 '낙원에서 추방된 이브처럼 신의 벌을 받을 것이다'라는 무언의 압력인 셈이다.

그림에 대한 상반된 견해

일반적 '환전상과 그의 아내'는 사치품과 돈에 눈먼 신흥 졸부들을 꼬집는 작품으로 알려져 있다. 하지만 에스파냐 학자 산토스 마누엘 레돈도는 자신의 논문에서 다음과 같이 해석했다.

> 이 작품은 도덕적 의미를 과도하게 부여하기보다는,
> 당시 플랑드르에서 일상적으로 행해지던
> 경제행위를 묘사한 것으로 봐야 한다.

그리고 되묻는다.

> 그림 속 환전상과 그의 아내가
> 특별히 추악하고 우스꽝스럽게 보이는가?

그는 이 작품을 풍자화로 보는 것 자체가 현대사가들의 과도한 해석이고 편견일 수 있다고 말한다. 아내의 성경책 또한 대부업을 포함한 금융업이 더 이상 그리스도교 교리와 상충되는 것이 아니라 공존할 수 있다는 의미의 상징이라고 해석한다.

1 야고프 요르단스의 '성전에서 상인과 환전상을 몰아내는 그리스도'(1627)
2 렘브란트 하르멘스존 판 레인의 '환전상'(1627)

저울은 정확하고 무게는 같아야

성서의 레위기에는 이런 구절이 있다.

> 너희는 재판할 때나
> 물건을 재고 달고 되고 할 때
> 부정하게 하지 마라.
> 바른 저울과 바른 추와 바른 힌을 써야 한다.

'힌'은 유대인들이 사용하던 독특한 도량형으로 액체를 재는 단위를 말한다. 그런데 원래 '환전상과 그의 아내'의 틀에는 다음과 같은 글귀가 있었다고 한다.

> 저울은 정확하고 무게는 같아야 하리라.

이제야 이 작품이 하나님의 경고를 주제로 하고 있다는 추정이 가능해진다. 어쨌든 풍자화인지, 단순히 시대상을 나타낸 장르화인지 확실히 알 수는 없다. 하지만 돈을 다루는 데 있어서 정직해야 한다는 메시지를 전달하고자 했던 것만큼은 확실하다.

경제적 황금기의 민낯? 상징?

'환전상'이나 '고리대금업자'라는 테마는 16세기부터 경제적 황금기에 접어든 플랑드르와 이후 네덜란드의 회화에 자주 등장했다. 마리누스 판 레이머스발도 이 주제를 마세이스와 유사한 형식으로 여러 점 그렸다.

그런데 환전상을 묘사한 그림들에서 주인공의 진지한 태도나 동전의 정밀한 표현을 보면 '돈을 가까이하는 것이 반드시 도덕이나 종교적 가르침에 어긋나는 일인가'하는 반문을 갖게 된다. 환전상을 소재로 한 작품들 속에는 경제활동과 신앙생활이 공존하며, 인색과 탐욕을 경계하라는 교훈만큼이나 재화의 가치를 중시하는 자본주의의 경제관념이 깃들어 있으니까 말이다. 어쩌면 당시 부유한 상인이나 금융업자들은 그런 그림을 주문해 자신의 경제적 위치를 확인하고, 더불어 정직함을 뜻하는 상징물을 부각시켜 돈과 관련된 부정적 이미지를 씻어내고자 했던 것은 아닐까?

마리누스 판 레이머스발의 동명 작품

1부 그림으로 읽는 역사

16~17세기의 경제의 중심은 네덜란드

네덜란드는 세계 최초로 증권거래소가 설립된 나라다. 당시 세계 최고의 상업중심 국가였다는 증거이기도 하다. 세계 최초로 투기와 거품경제의 폭발을 경험한 나라도 네덜란드다. '네덜란드 사람들은 오래전부터 돈맛에 익숙한 민족'이라는 말도 아주 틀린 말이라 할 수 없는 이유가 바로 여기에 있다.

지리상의 발견 이후 세계 무역의 중심이 지중해에서 대서양으로 옮겨졌는데 네덜란드는 대서양뿐 아니라 발트해·북해·지중해로 통하는, 또한 물자 이동의 주요 수단이 배였던 시절 서유럽의 주요 하천들이 네덜란드 부근에서 바다로 흘러 들어가는 교통의 요충지였다. 유럽의 상선들은 모두 네덜란드에 머물렀고, 네덜란드에서 떠났다. 때문에 에스파냐로부터 독립하기 이전에도 선원의 수가 영국, 프랑스, 에스파냐의 총 수보다 더 많았다. 은광도 없고 종교 문제로 본국인 에스파냐로부터 경제적 지원을 받을 수 없었던 것이 네덜란드로 하여금 무역에 의존하게 만들었다.

그런데 무역을 하는 상인들은 상품을 인도받으면 대금을 곧장 지불하는 대신 차용증을 썼다. 차용증은 네덜란드의 재정담보가 되었기 때문에 신용도도 높았다. 그러자 차용증이 화폐 대신 유통되기에 이르렀고, 이후 수표의 탄생으로 이어졌으며, 네덜란드가 수표 교역의 중심이 되자 지중해에 있었던 은행들이 앞다퉈 네덜란드로 옮겨왔다. 1609년 암스테르담에 은행이 탄생했고, 이 은행에서 발행하는 화폐가 전 유럽의 화폐가 되었다. 또 1640년에 암스테르담이 중금속 무역의 중심이 된 후 이 은행은 국제 환율의 중심이 되었다.

금융업의 발전은 네덜란드가 식민지 경쟁에 뛰어들 수 있는 원동력이 되어주었다. 네덜란드 동인도회사를 내세워 인도·중국·일본에까지 진출했고, 세계 곳곳에 식민지를 확보하며 대항해시대를 누볐다. 아시아나 아메리카에게는 비극의 시대였지만….

한 가지 재미있는 상식! 커피가 서유럽에서 음료로서의 역사를 시작한 것은? 17세기 네덜란드 식민지였던 인도네시아에서 네덜란드 상인들이 커피 종자를 들여오면서부터였다고 한다.

욥 베르크헤이데의 '암스테르담의 증권거래소'(1670)

얀 브뤼헐 2세(네덜란드) / 1640년 경 / 패널에 유채
31×49cm / 프란츠 할스 미술관(네덜란드 하를렘)

1부 그림으로 읽는 역사

탐욕에 눈먼 자들의 몰락

– 튤립광기에 대한 풍자
Persiflage auf die Tulpomanie

튤립은 독특한 역사를 지닌 꽃이다. 고향인 터키를 떠나 유럽에 등장한 것은 16세기 오스만제국 때로 신성로마제국의 외교관이 비엔나로 튤립을 보낸 1554년이었다. 그리고 네덜란드에 소개된 것은 40여 년이 지난 1593년이었다.

찬란한 번영의 새로운 상징

당시 네덜란드는 1588년 에스파냐로부터 독립한 이후 중상주의 선도국으로서의 번영을 구축해가고 있었다. 네덜란드의 경제는 유럽에서 가장 왕성했고, 선진적이었다. 유럽 대륙의 대규모 자본이 네덜란드로 흘러들어와 다양한 금융자산에 투자되었고, 세계 최초의 주식회사인 연합동인도회사가 설립되어 대양을 누비며 국제무역을 주도했다. 또한 암스테르담은 세계 금융의 중심지로서의 이름을 떨쳤다. 아니, 암스테르담 그 자체가 유럽의 금융자본이었다.

덕분에 네덜란드인들은 유럽 국가 중 1인당 국민소득이 가장 높았다. 경제적 호황을 만끽하던 그들이 더 큰 부를 가져올 대상을 찾기 시작한 것은 너무도 당연한 일이었다. 17세기 초반 네덜란드의 경제적 상황은 투기가 나타날 수 있는 아주 좋은 조건이었고, 그런 때에 등장한 것이 바로 튤립이었다.

1 반 다이크의 '제인 구드윈 부인의 초상'(1639)
2 장 레옹 제롬의 '튤립 바보'(1882). 작품 속 장소인 네덜란드 하를럼의 성 바보 교회 앞 튤립 꽃밭은 1637년 튤립 버블이 처음 꺼진 곳이다.

튤립에 매료된 네덜란드

튤립은 신흥부국 네덜란드와 그 중심축인 상인계층의 찬란한 번영을 상징하는 기념물로 단박에 떠올랐다. 물론 귀족과 부유층의 전유물이었다. 당시 네덜란드인들은 색깔에 따라 튤립을 다양하게 분류했고, 위계서열을 매겨 이름을 붙였다. 황실을 상징하는 붉은 줄무늬가 있는 튤립은 '황제'라고까지 불렀다. 내로라하는 가문의 사람들은 유명화가에게 의뢰하여 자신의 초상화를 그릴 때 반드시 튤립을 소품으로 사용했다.

가격은 더욱 놀라웠다. 당시 숙련된 장인의 1년 연봉이 300플로린이었는데, 황제 튤립의 구근 하나가 3,000~4,000플로린에 달했다. 당시 암스테르담의 집 한 채 값과 맞먹는 값에 거래되었던 것이다. 그럼 왜 이렇게 가격이 폭등했던 것일까? 예나 지금이나 가격이 올라가는 때는 공급에 비해 수요가 많을 때다. 게다가 꽃이 만개할 때까지 무늬와 색깔을 아무도 예상할 수 없다는 점도 튤립 가격 폭등을 불러왔다. 튤립 뿌리가 어떤 바이러스에 감염되느냐에 따라 다음 해 봄에 필 튤립의 색깔과 무늬가 결정되기 때문이다.

비이성적 튤립 버블과 붕괴

이웃인 프랑스인들까지 이런 광풍에 동참해 파리 근교와 프랑스 북부에 튤립 시장을 열었다. 튤립 투기가 국제화되기에까지 이른 것이다. 튤립으로 막대한 부를 얻을 수 있다는 소문에 농민들과 서민들도 시장에 참가하기 시작했다.

당시 튤립 시장이 열리는 시기는 구근이 채취되는 여름이었다. 하지만 튤립의 인기가 오르자 1년 내내 거래할 수 있는 매매방법이 고안되었고, 튤립 구근은 표준화되어 은행권이나 주식과 같이 취급되었다. 겨울에는 튤립 구근들이 땅 속에 묻혀 있어 거래가 성사되어도 실제 튤립 구근을 매매할 수 없었다. 그래서 실제 물건을 매매하는 것이 아닌, 미래의 가치를 사고파는 선물거래가 이루어졌다. 대부분의 거래는 이런 식으로 이루어졌다. 눈에 보이지 않는 튤립 구근이 돌고 돌았다. 실체 없는 거래가 이루어진 것이다. 그런데도 튤립의 가격은 나날이 올랐다.

헨드리크 포트의 '플로라와 바보들의 수레'(1640). 튤립 광풍에 이성을 잃고 맹목적으로 달려드는 인간의 어리석음을 표현했다.

그 정점은 1637년이었다. 하지만 대부분의 투기꾼들은 만기에도 튤립 구근을 갖고 있지 않았기 때문에 거래도 할 수 없었고, 돈조차 없어 결제할 수도 없는 지경에 이르렀다. 거래가 이루어지지 않자 어음은 부도가 났고, 한순간에 막대한 채무를 떠안게 된 3,000여 명의 사람들 대부분이 채무를 피해 도주해버렸다. 네덜란드 전역은 그야말로 혼란의 도가니였다. 그렇게 절대로 꺼지지 않을 것 같았던 튤립 버블은 1637년 2월 3일 갑자기 꺼져버렸다.

투기의 끝을 보라

1640년께, 네덜란드의 비이성적인 튤립 열풍을 풍자한 작품들이 등장한 것도 이런 사회 분위기 때문이었다. 얀 브뤼헬 2세의 '튤립광기에 대한 풍자'도 그중 하나다.

브뤼헬은 튤립 투기자들을 우스꽝스러운 원숭이들에 빗대어 표현했다. 그림 왼쪽 아래에 있는 줄무늬가 있는 붉은 튤립은 당시 가장 비쌌던 튤립이다. 그 앞에서 칼을 차고 서류를 보는 원숭이는 귀족이다. 그런데 이 원숭이는 값진 튤립의 목록을 뿌듯한 눈길로 읽고 있다. 가운데 검을 찬 원숭이는 튤립 투기에 뛰어들까 말까 망설이고 있다. 튤립 구근의 무게를 달고 있는 원숭이도 있고, 금화와 은화를 세고 있는 원숭이들도 보인다.

그런데 그림 오른쪽은 앞의 분위기와 좀 다르다. 그토록 애지중지했던 붉은 줄무늬 튤립에 소변을 싸고 있는 원숭이가 있는가 하면 손수건으로 노란 튤립을 든 채 눈물을 훔치며 어딘가로 들어가고 있는 원숭이도 있다. 마치 튤립 투기로 빚더미에 올라앉은 채무자들이 법정에 끌려가는 모습처럼 보인다. 투기광풍에 휩쓸린 몽매함이 어떤 비참한 결과를 가져오는지 똑똑히 보라는 식이다.

기억해두면 쓸!데 있을걸 — 근대의 3대 버블 경제사건

1. 튤립 버블

1630년대 네덜란드에서는 수입된 지 얼마 안 된 터키 원산의 원예식물인 튤립이 큰 인기를 끌자 사재기 현상이 벌어졌고 가격이 폭등했다. 그러나 1637년 2월을 기점으로 하락세로 돌아서면서 튤립 산업에 투자했던 상인들과 귀족들은 하루아침에 빈털터리가 되고 말았다. 불확실성 속의 과도한 투자라는 특성으로 볼 때 확실히 현명한 투자라기보다는 투기에 가까웠다. 당시 사람들은 튤립의 적정가격이 얼마인지를 밝히려는 시도도 거의 하지 않았고, 단지 일확천금을 노리고 튤립을 전매하는 데 열을 올렸다. 그런 의미에서 튤립 버블은 사회가 얼마나 쉽게 환상과 집단적 광기에 빠질 수 있는가를 극명하게 보여주는 사건이라 할 수 있다. 결국 그 일로 네덜란드는 경제대국의 지위를 영국에 넘겨주고 말았다. 물론 애초에 경제가 활성화되지 않았다면 일어날 수 없는 일이었다.

'영원한 황제'란 별칭으로 알려진 고가의 튤립 품종으로 1637년 네덜란드 도록에 실려 있다.

2. 남해회사 버블

남해회사(South Sea Company)는 영국 당국이 설립한 부실 채권 정리용 회사였다. 목적은 정부 부채의 일부를 인수하고 노예무역을 통한 이익으로 부채를 갚겠다는 것이었는데, 초기에도 남해회사의 주식(이자 6%)은 잘 팔렸다. 여기에 1718년 영국 왕 조지 1세가 이 회사의 관리자가 되자 사업에 대한 신뢰도가 높아지고, 1720년 의회의 승인을 얻어 국채인수가 제의되자 남해회사 주식에 대한 인기는 믿기 어려울 정도로 치솟았다. 1720년 1월 128.5이던 것이 그해 1,000 이상으로 폭등했던 것이다. 그러자 이 회사 주식을 살 만한 여유가 없던 사람들도 분별없이 투자를 했다. 그러나 같은 해 9월 시장이 붕괴되면서 12월에 남해회사의 주가는 124로 폭락했고, 결국 많은 투자가들이 파산하고 말았다.

3. 미시시피 버블

미시시피 계획은 18세기 초 북아메리카에 식민지를 건설한 프랑스가 세운 미시시피강 주변의 개발무역계획이다. 계획 수립 초반 회사의 실적이 좋지 않았음에도 개발에 대한 기대심리가 작용함에 따라 500리브르였던 주식 가격이 40배 치솟아 1만 5,000리브르까지 올랐다. 그러나 1720년 여름 급격한 신용경색이 일어나면서 다음 해 다시 500리브르로 급락, 몰려들었던 많은 투자자들이 파산하고 말았다.

1 윌리엄 호가스의 '남해회사 거품사건'(1721). 그림 속에서 악마는 행원의 여신을 훼손해 군중에게 던지고, 군중은 악마의 회전목마에 빠져 있다.
2 버나드 피카트의 미시시피 버블 풍자화(1720)

삼등열차에 실린 삶의 무게

– 삼등열차 Le Wagon de Troisième Classe

오노레 도미에(프랑스) / 1863년 / 캔버스에 유채
65.4×90.2cm / 메트로폴리탄 미술관(미국 뉴욕)

1부 그림으로 읽는 역사

도미에는 19세기 프랑스를 대표하는 풍자화가로 잘 알려져 있다. 삽화를 통해 당대의 정치 현실과 부르주아의 생태를 신랄히 풍자하면서 산업혁명이 몰아치던 때 파리 서민들의 삶과 애환을 애정 어린 눈길로 그려냈다. 또한 풍자만화에서는 날카로운 관찰력과 신랄한 비판을 바탕으로 뛰어난 재치와 유머감각을 은유적으로 표현했다. 당시 프랑스 민중으로부터 큰 사랑을 받은 것도 이해가 된다.

날 것 그대로의 삶

도미에가 주목한 것은 노동자와 사회에서 소외된 하층민들이었다. 당시 프랑스에는 산업혁명으로 경제가 발전하면서 부르주아 계급의 등장과 함께 빈부격차, 비인간적인 노동력 착취 등 사회 부조리가 만연했다. 그런 사회 분위기 속에서 도미에는 산업화의 그늘에 가려진 도시 노동자들, 소외된 여성들의 모습에 따뜻한 시선을 보냈다. 그들을 주인공으로 하여 등장한 인물들의 삶을 날 것 그대로 보여주기 위해 노력했고, 그들의 고달픈 삶에 대한 안타까움과 그들에 대한 자신의 따스한 애정을 드러내고자 했다.

그런 의미에서 기차는 중요한 소재였다. 그가 작품활동을 했던 1860년대는 기차가 대중교통으로 상용화된 초창기였다. 도미에에게 기차는 귀족의 전유물에서 탈피하여 서민들의 발이면서 그들의 땀 냄새와 고단함이 표출되는 애환의 장소이자 어려운 도시생활에도 건강한 생명력을 끈질기게 이어가는 투쟁의 장소였다. 기차를 소재로 한 작품이 많은 것도 바로 이런 이유에서라고 볼 수 있다.

친숙하기 때문에 익숙한

그런데 '삼등열차'를 보면 예술에 별로 관심이 없는 사람들도 어디서 한 번쯤 본 것 같다는 느낌을 받게 된다. 그 이유는 실제로 접했기 때문이라기보다는 그림 속의 모습 자체가 주는 친숙함 때문이라는 게 타당한 설명일 것이다. 퇴근버스나 지하철에서 보게 되는 우리 모습과 크게 다르지 않다는 말이다.

삼등열차에 탄 사람들은 대부분 가난한 하층민들이다. 앞줄 가운데에 앉아 있는 노파가 이 작품의 중심이다. 노파는 다리에 바구니를 올려놓고 두 손을 바구니의 손잡이에 올려둔 채 멍하니 앞을 보고 있다. 노파의 왼쪽에는 어린 소년이 잠에 곯아떨어져 있다. 소년은 깊은 잠에 빠져 정신이 없음에도 짐을 잃어버릴까 걱정되었는지 한쪽 팔을 옆자리에 놓아둔 상자 위에 걸쳐두었다. 노파의 오른쪽에는 아기를 안고 있는 젊은 여인이 앉아 있다. 그녀는 품 안에 잠든 어린 아기에게만 신경을 쓸 뿐 주변 상황 따위에는 조금도 관심이 없다. 이 세 사람 뒤로 빽빽이 들어앉은 다른 승객들의 모습이 보인다.

1 '삼등열차'(1856~1858)
2 '삼등열차'(1862)
3 '일등객실'(1864)

그림 속에서 지금의 내가 보인다

어디론가 질주해가는 사회 속에서 제대로 적응하지 못하거나 소통의 벽을 넘지 못해 소외된 이들은 언제나 고독하다. 매일매일 노동에 지치고 가벼운 주머니에 한숨을 쉰다. 어깨를 짓누르는 삶의 무게가 버겁다. 그런데도 그 안타까운 마음을 누구하고도 나눌 수가 없다. 그림 속 사람들이 어느 누구와도 시선을 교환하지 않는 것처럼 말이다.

같은 좌석에 앉아 있지만 굳은 표정으로 서로 다른 곳을 응시하는 삼등열차 속 사람들의 모습에서 고되고 분주한 현대인들의 모습이 보인다. 하지만 이 작품이 마냥 어두운 것만은 아니다. 그림에 깔린 갈색조의 온화한 색채와 굵은 선은 그림 속 인물들에게 생명력을 부여하고, 고단한 표정 속에 숨어 있는 따뜻함과 강인함을 느끼게 한다.

침묵으로는 아무것도 해결할 수 없다

19세기 대부분의 인상파 화가들은 부르주아 계급의 취향에 맞는 그림을 그렸다. 시대가 어두워질수록 침묵으로 자신을 보호하려고만 했다. 반면 도미에는 시대 현실을 날카로운 붓으로 적나라하게 드러냈다. 작품 때문에 투옥될 정도였다. 그리고 가난한 이들에게는 애정을 가지고 화폭을 내주었다. 그래서일까? 도미에의 그림은 우리가 잊기를 강요받았던 1970~1980년대의 삶, 그리고 사회의 한편에서 가난하지만 묵묵히 살아가는 사람들의 삶을 끄집어내는 역할을 하는 듯하다.

도미에는 당시 프랑스의 혼란한 정치 상황에 침묵하지 않고 풍자로 비판하고 조롱했다.

루이 필리프와 '가르강튀아'

도미에의 '가르강튀아'(1831)

1831년 2월, 프랑스 사회가 발칵 뒤집혔다. 한 주간지에 실린 석판화 때문이었다. 일명 '가르강튀아(Gargantua)'다. 가르강튀아는 프랑수아 라블레(1494~1553)가 쓴 풍자소설 《가르강튀아와 팡타그뤼엘》의 주인공으로 탐욕스러운 거인이다. 풍자화가 오노레 도미에는 부자들에게만 세금을 감면해주는 정부와 왕을 서민에게 짜낸 금화로 자신의 배를 채우는 가르강튀아로, 그리고 그 권력에 아부하는 교활한 정치가들과 법관들을 배설물 주위에 꼬이는 추악한 인물들로 묘사했다. 특히 왕의 얼굴을 멍청이를 뜻하는 '서양 배'로 묘사해 권력을 희화화했다.

당시 프랑스의 왕은 루이 필리프였다. 프랑스 혁명 이후 계속된 정치적 혼란에 피로했던 프랑스 민중들은 7월 혁명 때 '혁명의 이념을 지지하고 시민의 대변자가 되겠다'고 공언한 그를 왕으로 추대했다. 그러나 그의 아버지는 왕위 계승권 1위의 오를레앙 공작이었고, 그 역시 태어날 때부터 공작이었다. 애초에 뼛속까지 특권의식으로 찬, 시대정신을 읽지 못하는 구시대 인물이었던 것이다. 루이 필리프는 부자와 귀족만을 위한 정책을 펼쳤고, 선거권까지 일부 상류층에 제한시켰다. 시민들은 선거권 보장과 언론·출판의 자유를 외치며 다시 일어나 루이 필리프를 왕위에서 끌어내렸다. 1748년 2월 혁명이었다.

도미에의 '가르강튀아'는 루이 필리프가 7월 혁명으로 왕위에 오른 지 1년 후에 세상에 나왔다. 권력 초기, 정권의 입장에서는 무서울 게 없을 때였다. 결국 도미에는 체포되어 벌금을 내고도 6개월 동안이나 수감생활을 해야 했으며, 그 이후에는 정신병원으로 옮겨져 영어의 생활을 이어가야 했다. 하지만 그의 그림은 대부분 문맹이었던 민중들의 뇌리에 강하게 각인되었고, 2월 혁명을 탄생시키는 단초가 되었다.

잊히지 않는 그날의 기억

— 메두사호의 뗏목 Le Radeau de la Méduse

테오도르 제리코(프랑스) / 1819년 / 캔버스에 유채
491×716cm / 루브르 박물관(프랑스 파리)

1816년 7월, 400여 명의 군인과 소수의 귀족을 실은 '메두사호'가 세네갈로 출항했다. 당시 많은 프랑스 사람들이 식민지였던 아프리카의 세네갈로 이민을 갔는데, 메두사호도 이민자들을 태운 배였다. 그런 메두사호가 암초에 부딪혀 바다 속으로 가라앉고 말았다. 그리고 침몰 자체보다 더욱 비극적인 일이 벌어졌다.

돈으로 삶과 죽음을 가르다

헤엄쳐 닿을 수 있는 육지를 기대할 수 없는 망망대해였다. 더 이상 배가 안식처가 되지 못한다는 것을 깨달은 순간 모두의 시선은 구명보트에 쏠렸다. 하지만 400여 명을 위한 구명보트는 될 수 없었다. 그 수가 절대적으로 부족했던 것이다. 게다가 함장까지 무능했다. 그는 앞뒤 분간 않고 곧바로 구명보트에 올랐다. 그러고는 돈 많고 힘 있는 사람들, 높은 직책의 선원만 보트에 오르게 했다.

이제 배에는 돈 없고 지위도 없는 서민들과 허드렛일을 하는 하급 선원들과 지휘할 것도 없는 병사들만 남았다. 이들은 구명보트와 밧줄로 연결된 뗏목에 가까스로 몸을 실었다. 폭 9미터, 길이 20미터의 뗏목에 147명이 올라타야만 했던 것이다. 그런데 다음 순간, 함장은 구명보트와 뗏목을 이어주던 밧줄을 끊어버렸다. 그리고 147명의 사람들을 외면한 채 유유히 현장을 떠나버렸다.

뗏목은 그저 바다 위에 떠 있는 게 다였다. 동력도 없었고, 돛도 없었다. 결국 147명을 실은 뗏목은 무더위와 폭풍우 속에서 13일 동안을 표류해야 했다. 그러다 기적적으로 수평선 위에 나타난 배에 의해 구조되었다. 하지만 뗏목 안은 참혹했다. 여기저기에 핏자국이 낭자했고, 돛대에는 인육이 말라가고 있었다. 그날 구조된 사람은 열다섯 명뿐이었다.

낭만적 상상력의 극적 효과

사실주의를 추구했던 제리코는 이 침몰사건 이면에 숨어 있던 사회적 비극에 주목했다. 그리고 생존자들이 자신들을 구원해줄 범선을 발견한 극적인 순간을 웅대한 스케일로 묘사했다. 실제 사건을 낭만적 상상력으로 재현하되, 최고조의 극적 효과를 노린 것이다. 때문에 제리코의 상상 속 장면이지만 매우 강한 현장감을 띠고 있다.

하지만 작품에는 환희만 있지 않다. 이미 죽은 사람도 있고, 체념한 듯 넋이 나간 사람도 있다. 구석에는 잘려진 팔다리가 너부러져 있고, 뗏목 곳곳에 핏자국도 선명하다. 실제로 제리코는 작품의 사실성을 높이기 위해 직접 병원을 찾아가 생존자를 만났고, 그들로부터 당시의 처참한 상황을 세세하게 전해 들었다. 그리고 147명이 열다섯 명이 되기까지의 끔찍한 기억을 되살려냈다. 폭풍우에 익사하고, 좌절하여 자살하고, 버티지 못하고 굶어 죽고, 그리고 살기 위해 죽은 이들의 인육을 먹어야 했던 처참한 기억을 말이다.

사실과 예술의 결합

당시 20대의 젊은 화가였던 제리코는 분노를 느꼈다. 그리고 작품에서 사실과 예술을 매력적으로 결합시키고 싶었다. 그는 곧바로 비극을 세상에 자세히 알리기 위한 작업에 착수했다. 증언을 바탕으로 뗏목 모형을 만들고 밀랍인형을 옮겨가며 구도를 구상했다. 절망을 표현하기 위해 죽음에 임박한 환자를 스케치했으며, 시신을 표현하기 위해 단두대에서 처형당한 이의 잘린 손발을 가져와 부패하는 과정을 연구했다.

제리코는 현실과 모형에서 얻은 그날의 비극을 화폭에 옮겼다. 왼편, 죽은 시신을 한 팔로 붙잡고 있는 남자는 죽은 동료의 그것보다 더 진한 핏빛 천을 머리에 두른 채 생각에 잠겨 있다. 모든 것을 다 놓아버린 듯한 남자의 무표정은 처참하게 너부러져 있는 시신들보다 더한 절망감을 준다. 구조선을 향해 깃발을 흔드는 사람들의 모습은 환희가 아니라 절규에 가깝다. 오른쪽 아래 머리가 보이지 않는 남자의 몸에는 그들이 겪어온 시간이 고스란히 배어 있다. 전체적으로 어둡고 다소 칙칙한 갈색 톤은 그들이 처한 현실을 더욱 드라마틱하게 만든다. 이처럼 사건의 진실을 실감나게 재현하기 위한 제리코의 노력은 후대 사실주의 미술가들에게로 이어졌다.

부패한 사회에 나는 저항한다

1819년 '메두사호의 뗏목'이 완성되었다. 붓을 든 지, 아니 모형을 만들고 환자와 시신을 찾아다니기 시작한 지 8개월 만이었다. 그리고 사고 발생 3년 만이었다. 사건이 일어나고 이미 많은 시간이 지난 뒤였음에도 사람들은 그림 앞에서 전율을 느꼈다. 그리고 이 전율은 사회적 파장으로 이어졌다. 특히 배가 난파했을 때 함장이 혼자 대피했다는 생존자들의 증언으로 프랑스는 발칵 뒤집혔다. 무능함에도 루이 18세의 후광을 입어 메두사호의 함장이 될 수 있었다는 것도, 재판 과정에서 루이 18세의 압력 덕분에 고작 징역 3년의 형벌을 받았다는 것도 알려졌다. 사회적으로 문제가 되는 것을 달가워하지 않았던 루이 18세가 사건을 무마시켜버린 것까지 드러났다.

제리코는 이러한 비극적인 사건이 다시는 일어나지 않기를 바라는 마음에서 최대한 사실적으로 표현해 역사 속에 기억되도록 했다. 개인의 행복과 자유를 억압하는 나쁜 정치인들과 지식인들에게 경고의 메시지를 주고자 했다. 하지만 이런 비극적인 사건은 여전히 반복되고 있다.

2014년 4월 16일 진도 앞바다, '메두사호의 뗏목'을 보면서 그날의 기억을 떠올리는 건 쉽지 않을지도 모른다. 하지만 기억을 되살려보자. 무능한 선장과 덮으려고만 하는 정부, 진실 요구에 쏟아지는 비난과 정치적·사법적 압박…. 200년의 시간이 흐르고 지구 반 바퀴를 돌아 부끄럽고 참혹한 역사가 되풀이 되었다는 게 비통할 뿐이다. '메두사호의 뗏목'은 말한다. 진실을 인양하지 않는다면 또다시 반복될 역사라고. 그리고 또 부탁한다. 반드시 진실을 찾아 다시는 반복되지 않게 해달라고.

스스로 왕이 된 자, 루이 18세

루이 16세의 동생이다. 1793년 루이 16세와 마리 앙투아네트가 처형당하자 감옥에 있던 일곱 살의 조카 루이 17세를 왕으로, 스스로를 섭정으로 선포했다. 그러나 1795년 루이 17세가 열 살 어린 나이로 감옥에서 얻은 결핵과 피부병, 그리고 정신착란에 시달리다가 폐병으로 죽음을 맞자 자신을 루이 18세로 선언했다. 명목상의 왕이 된 것이다.

그러다 1814년 3월 나폴레옹 1세가 실각한 후 파리에 입성한 유럽 동맹군과의 왕정복고를 둘러싼 협상에 성공, 마침내 실권을 잡았다. 이때 그는 양원제 의회, 종교의 자유, 모든 시민들의 헌법상의 권리들을 보장한다는 내용을 담은 입헌군주제를 공식적으로 약속했다. 나폴레옹의 재기로 쫓겨났지만, 백일천하로 끝나자 곧바로 돌아와 친정을 실시했다.

집권 시절 비교적 온건한 정책을 취해 어느 정도 안정을 이끌었지만 과격한 왕당파를 모두 막아내지는 못 했다. 결국 그가 죽고 왕당파였던 동생이 샤를 10세로 즉위하면서 프랑스는 절대왕정으로 복귀했다. 이 또한 2월 혁명의 단초였다.

기억해두면 쓸!데 있을걸   루이 17세가 죽었다, 살아 있다?

1975년 프랑스 생 드니 성당에 이탈리아로부터 작은 물건 하나가 배달되었다. 놀랍게도 200년 전 탕플 감옥에서 죽은 샤를, 즉 루이 17세의 심장이라는 전언과 함께였다.

네 살에 황태자가 되었던 샤를은 루이 16세의 둘째 아들이었다. 그러나 황태자가 된 지 나흘 만에 대혁명이 일어나면서 부모를 단두대에서 잃었고, 삼촌에 의해 허울뿐인 왕 루이 17세가 되었지만, 실제로 그는 감옥에서 감시 속에 살던 죄수에 불과했다. 그나마도 열 살 때까지뿐이었다. 내내 병에 시달리다가 결국 폐결핵으로 죽어버렸으니까.

그런데 몇 년 후 나폴레옹의 실각으로 왕정이 복구되자 왕위계승권 1위라는 지위와 왕가의 막대한 재산 상속자라는 것이 이목을 끌자 자신이 루이 17세라고 주장하는 사기꾼들이 우후죽순 나타나기 시작했다. 한때 루이 17세라고 주장하는 사기꾼들이 100여 명에 달하기도 했다. 그들 중에 가장 큰 관심을 끌었던 이는 독일에서 온 칼 빌헬름 난돌프라는 사내였다. 그가 관심을 받은 이유는, 진짜가 아니라면 알 수 없는 베르사유에서의 생활을 기억하고 있었을 뿐 아니라 주사 자국과 허벅지의 점 등이 일치했기 때문이었다. 하지만 그는 정권을 잡은 루이 필리프에 의해 네덜란드로 강제추방되었고, 몇 년 후 네덜란드에서 사망하고 만다. 그의 묘비명은 지금도 '프랑스 왕 루이 17세 여기에 잠들다'로 되어 있다.

그렇게 100년이 지났다. 그런데 1975년에 어린 소년의 심장이 갑자기 나타난 것이다. 확인할 방법이 없었던 당시 상황에서 논란만 커졌다. 그러다 마침내 1999년, 한 수녀원에서 보관 중이던 루이 17세의 어머니 마리 앙투아네트의 머리카락과 DNA 일치 여부를 검사했다. 검사 결과는 일치였다. 즉, 진짜 루이 17세는 탕플 감옥에서 열 살에 죽음을 맞았던 것이고, 난돌프는 세계를 속인 희대의 사기꾼이었던 것이다. 이후 루이 17세의 심장은 프랑스 왕실묘, 생 드니 성당의 부모 곁에 정식으로 안치되었다. 숨을 거둔 지 209년 만의 귀환이었다.

자크 에밀 라퐁의 '탕플 탑의 루이 17세와 시몽'(1863)

생 드니 성당에 보관된 루이 17세의 심장

루이 17세라고 주장했던 칼 빌헬름 난돌프

적시하라, 답은 현실에 있다

– 다림질하는 여인들 Les Repasseuses

일제르 제르맹 에드가르 드가(프랑스) / 1884~1886년 / 캔버스에 유채
76×81.5cm / 오르세 미술관(프랑스 파리)

1부 그림으로 읽는 역사

빛의 변화에 따라 다양하게 달리 보이는 자연의 순간을 있는 그대로 묘사하려 했던 19세 후반 인상파 화가들은 대부분 야외에 주목했다. 고흐와 르누아르가 그랬고, 마네와 모네가 그랬다. 특히 프로방스 지방의 햇살 아래 수시로 변화하는 풍경을 현장에서 직접 화폭에 담았다.

야외보다는 실내를, 연속보다는 찰나를

드가도 이 시대에 작품활동을 한 화가다. 하지만 그는 풍경화보다는 실내에서의 자연스러운 모습 그대로를 주로 그렸다. 그래서 드가의 작품에는 연속되는 과정 속에서 포착되는 찰나가 담겨 있다. 드가를 '최고의 데생화가'라고 부르는 이유다.

다른 점은 또 있었다. 다른 화가들이 유머와 이야기를 부각했다면 드가는 인간의 형태와 행동성을 중심에 두있다. 행동히고 있는 사람의 동작 하나하나를 세심하게 관찰한 뒤 여러 번의 드로잉을 거쳐 작품을 완성시켰다. 그래서 사람의 동작에 대한 드가의 관찰력은 물리학자나 의학자를 압도할 정도로 사실적이고 분석적이다. 1884~1886년경에 그려진 '다림질하는 여인'도 그렇다.

휴식과 노동의 상징

'다림질하는 여인들'의 주인공은 당시 최하층민이었던 세탁부들이다. 그런데 두 여인의 모습이 무척이나 대조적이다. 오른쪽의 여인은 온 힘을 다해 다림질을 하고 있다. 그런데 왼쪽의 여인은 의외다. 여인의 손에 있는 것이 옷이나 다리미가 아니라 와인 병이니 말이다. 게다가 기지개를 켜며 하품을 하는 등 여유롭다. 다른 세상에 사는 사람들 같다. 드가는 이렇게 상반되는 두 여인을 통해 휴식과 노동을 그리고 싶었던 것일까? 아니면 고된 노동으로 허리 펼 날 없는 그녀들에게 그림 속에서나마 휴식을 주고 싶었던 것일까?

그러나 두 여인의 뒤편에 있는 난로는 흉물스럽기만 하다. 빨래를 하기 위해서는 뜨거운 물이 준비되어 있어야 하고 다리미의 열기를 위해서도 계절을 가리지 않고 난로가 필요했다. 겨울은 몰라도 여름에 난로는 여인들에게 괴물이나 다음이 없다. 이쯤 되면 다림질의 열기와 수증기로 가득 찬 세탁소 안의 후끈거림이 현실로 나아온다. 그래서 대충 걸친 옷이나 단정과는 거리가 먼 머리도 이해가 된다.

드가의 마음이 어디에 있었든, 작품을 통해 드러난 것은 근대화가 시작된 화려한 도시 파리에서 소외된 하층민의 삶이었다. 하지만 고된 삶을 적나라하게 드러내기보다 단지 경험을 불러들임으로써 느낌을 전달하려고 했다. 눈에 보이지 않는 것을 보이게 만드는 것, 어떻게 생각하면 이것은 '거짓'이지만 '진실'을 말하는 것이기도 하다. "예술은 거짓된 수단을 통해 진실인 듯한 느낌을 준다"는 것이 드가의 신념이었고, '다림질하는 여인들'은 드가의 신념을 간접적으로 증명하는 것이기도 했다. 무려 14편에 이르는 '다림질하는 여인'을 그린 이유이기도 하다.

1 '세탁소에서'(1884)
2 '다림질하는 여인'(1869)
3 '다림질하는 여인'(1884~1886)

근대화에서 소외된 여성들의 밑바닥 삶

사실 19세기 이전에는 도시 노동자들을 주인공으로 하는 그림이 많지 않았다. 여성 노동자는 더욱 그랬다. 그런 때에 드가는 세탁 공장이나 세탁소에서 일하는 세탁부에 주목했다. 이들은 대부분 토지를 잃고 도시로 떠밀려온 농부의 아내이거나 딸이었다. 19세기의 파리는 근대 도시로 변모하고 있었다. 금융계가 지배하는 새로운 자본주의 형태와 소비문화가 등장했다. 하지만 농촌 사회가 붕괴되면서 농부의 가족들이 토지를 잃고 도시로 떠밀려왔다. 그 결과 계급 갈등과 양극화가 심화되었다.

도시로 몰려든 이주민들이 할 수 있는 일은 육체노동뿐이었고, 그나마도 대부분 남성들의 몫이었다. 돈을 벌어야 하는 여인들이 할 수 있는 일은 많지 않았다. 의복 공장이나 바느질 공장의 여공, 중소 상점의 점원, 부잣집의 하녀, 그리고 극장이나 댄스홀 또는 술집에서 일하는 가수나 무희가 될 수 있었다. 그런 상황에서 세탁 일은 이주 여성들에게 돌아간 몇 안 되는 일 중 하나였다. 그나마도 할 수 없으면 매춘을 했다. 심지어 공장들을 다니면서 매춘하는 여인들도 많았다. 그것은 오페라 극장의 발레리나나 배우, 가수들도 예외가 아니었다. 직업을 통해 여인들이 받는 수익만으로는 생활이 불가능했기 때문이었다. 같은 일을 해도 남성에 비해서 매우 낮은 급료를 받았기 때문이었다.

더 이상 내려갈 곳 없는 여인들

당시 여성에게는 교육을 받을 기회도 차단되어 있었다. 이런 상황에서 세탁 공장이나 세탁소에서 하루 종일 남의 빨래를 해주는 육체노동자인 세탁부는 가진 것도 없고 배운 것도 없는 여성이 가장 손쉽게 할 수 있는 일이었다. 그림에서 보이는 지칠 대로 지친 여인의 모습은 그날만 그런 우연한 것이 아니라 매일 반복되는 일상의 모습이었던 것이다.

세탁부를 그림의 주인공으로 처음 등장시킨 이는 오노레 도미에였다. 평소 도미에를 존경했던 드가가 세탁부에 관심을 갖게 된 것은 어쩌면 당연한 것일지도 모르겠다.

또한 세탁을 하거나 다림질을 하는 여인은 드가 이후에도 종종 그림의 소재이자 주제가 되곤 했다. 뤼스가 그랬고, 피카소가 그랬다. 특히 몽마르트르 언덕 친구의 방에서 더부살이를 할 정도로 가난했던 시절 청색을 주로 사용해 노동자를 비롯한 하층계급에 속하는 사람들의 참상과 고독감을 표현했던 피카소도 '다림질하는 여인'을 통해 그 고단한 삶의 무게를 처절하게 표현했다. 서양화가들에게 세탁하는, 다림질하는 여인은 더 이상 내려갈 곳 없는 도시 노동자의 전형이자 근대화의 희생물이었던 모양이다.

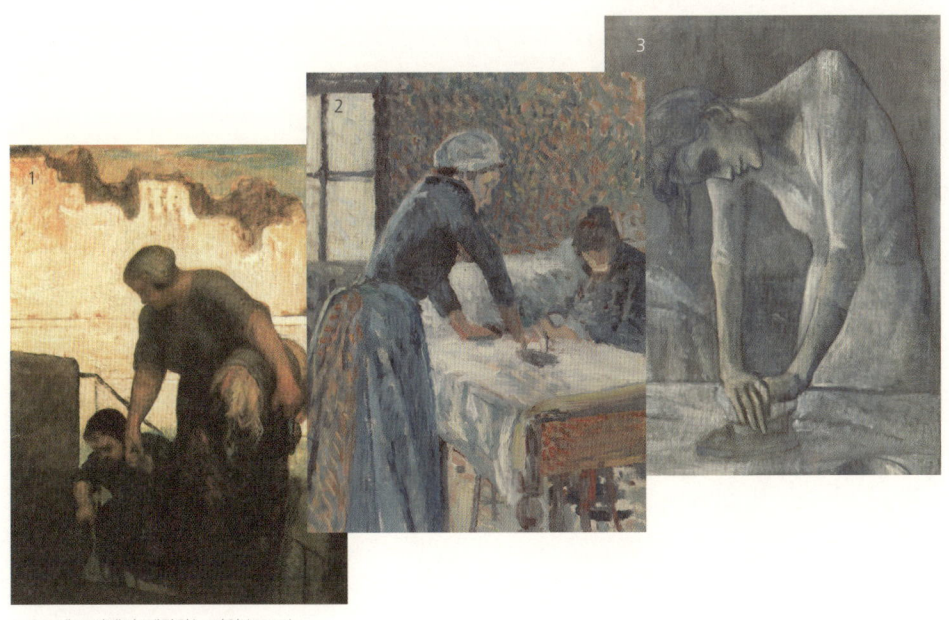

1 오노레 도미에의 '세탁하는 여인'(1863)
2 막시밀리옹 뤼스의 '다림질하는 여인'(1895~1900)
3 파블로 피카소의 '다림질하는 여인'(1904)

여인들의 화가, 드가

동서양을 불문하고 19세기까지 미술은 '상류층의 전유물'이었다. 하지만 19세기가 끝날 때까지 드가는 총 14점의 다림질하는 여인을 그렸고, 또 수많은 발레리나들을 그렸다. 그 과정에서 드가는 도시 생활의 어두운 면과 그들이 경험하는 일상적인 소외를 탐구했다.

19세기까지도 유럽에서 여성은 고상한 예술을 이해하지 못하는 애처로운 존재였다. 때문에 여성들, 특히 발레리나·세탁부 등 사회적으로 인정받지도, 받을 수도 없는 하층민의 존재를 주로 그렸던 드가의 작품은 당시에 환영받지 못했다. 하지만 꾸준히 자신의 세계를 구축한 덕분에 오늘날 드가는 '무희의 화가'로 불리며 인정받고 있다. 다행히도 말이다.

기억해두면 쏠! 데 있을걸

《목로주점》의 에밀 졸라와 드가

세탁부가 그림의 소재로 등장하게 된 데는 에밀 졸라(Emile Zola)의 소설 《목로주점》의 영향이 크다. 1877년, 《목로주점》은 발표와 함께 뜨거운 논란에 휩싸였다.

문제는 《목로주점》이 세탁소를 기반으로 살아가는 여주인공의 삶을 사실적으로 묘사함으로써 세탁 일을 하는 여성 노동자들의 고단한 삶을 지나치게 생생히 그려냈다는 데 있었다. 특히 졸라는 세탁소에서의 노동을 그림을 그리듯 묘사했다. 읽고 있노라면 세탁을 하고 다림질하는 여인들의 모습이 눈앞에 있는 것만 같을 정도다.

빅토르 위고는 "비참함과 불행을 그렇게 적나라하게 묘사할 수 있느냐"며 성을 냈고, 평단도 "사회의 욕된 면과 저열한 면만을 극히 일방적·일반적으로 폭로하고 있는 비관적이고 무정부주의적인 작품"이라며 비난했다.

하지만 그것이 당시 파리의 노동자들의, 아니 보다 정확하게 말하면 파리 여성 노동자들의 현실이었다. 화가들이 졸라가 작품으로 던진 화두에 주목한 이유도 여기에 있다. 현실을 있는 그대로 묘사하는 것만도 사회비판을 이끄는 힘이 된다. 졸라와 드가는 자신의 재능으로 그 일을 수행했던 것이다.

연극으로 상연된 〈목로주점〉을 소개하는 당시 기사의 삽화로 세탁소에서의 한 장면이다.

죽음의 공포, 죽음의 광기

— 페스트 Die Pest

한 손에 낫을 든, 정체를 알 수 없는, 사내라고도 할 수 없는 어떤 존재가 날개를 활짝 펼친 박쥐의 등에 앉아 있다. 바닥에는 흰 옷을 입고 쓰러진 여인 위로 붉은 옷을 입고 있는 누군가가 머리를 감싼 채 엎어져 있다. 가방을 든 채 고개를 외로 떨구고 있는 사내도 보인다. 그런데 골목 곳곳 문 앞에는 도무지 무엇인지 짐작하기조차 어려운 형체들이 집 안을 정탐하듯 서성인다.

곡식을 거두듯 영혼을 거두다

박쥐 등에 역동적으로 타고 있는 존재의 얼굴은 사람의 그것이 아니다. 해골이다. 게다가 서양 낫을 크게 휘두르려는 양 들고 있다. 사신(死神)이다. 그리스 신화에서 낫은 본래 농경신이면서 우라노스와 가이아의 아들이자 제우스와 헤라 등의 아버지인 크로노스(Kronos/Cronos)의 상징이었다. 크로노스는 어머니 가이아와 함께 아버지 우라노스를 몰아냈다. 때문에 왕위에 오른 후 자식들에 의해 쫓겨날 것을 두려워한 나머지 자신의 아이들이 태어나는 족족 집어삼켰다. 물론 막내자식 제우스의 지략에 넘어가 모든 것을 잃게 되지만 말이다.

아르놀트 뵈클린(독일) / 1898년 / 목판에 템페라
149.8×105cm / 바젤 공립미술관(스위스 바젤)

그런데 시간의 신 크로노스(Chronos)와 혼동되면서 낫을 든 농경의 신과 시간의 신의 이미지가 섞이게 된다. 그러다 시간의 의미가 그 흐름에 따라 반드시 죽음에 이른다는, 존재의 유한성을 상징하는 것으로 확장되었다. 이제 사람들이 곡물이 익게 되면 낫으로 베어 수확하듯이 죽은 사람이 있으면 사신이 영혼이 해매기 전에 영혼을 낫으로 거두어간다고 생각하게 되었다. 즉, 사신의 낫에 '영혼을 수확하는 도구'라는 이미지가 형성된 것이다. 결국 해골 얼굴의 존재가 휘두르는 서슬 퍼런 낫은 곧 죽음이다. 인간은 그 낫을 피할 수 없다. 죽음의 손길에서 벗어날 수 없다는 것이다.

이반 아키모프의 '큐피드의 날개를 낫으로 자르는 크로노스'(1802)

세계화가 낳은 예기치 못한 부작용

그런데 이 작품의 제목은 죽음이나 사신이 아니라 '페스트'다. 죽은 시체에 나타나는 검은 반점으로 인해 흑사병이라 불린 이 병은 인류 역사에 가장 커다란 영향력을 끼쳤다.

때는 1347년이었다. 크림반도의 페오도시야로부터 상선 하나가 시칠리아의 메시나항에 당도했다. 이 배의 선원들은 이상한 전염병에 걸려 있었으며 당도한 지 얼마 지나지 않아 전부 사망하고 말았다. 이들은, 한반도에서 흑해에 이르는 대제국을 건설한 몽골제국이 크림반도의 페오도시야를 포위 공격하면서 흑사병에 걸려 죽은 병사의 시체를 투석기에 담아 도시의 성벽 너머로 던져 넣었을 때 페오도시야에 있었다. 이것이 유럽에 흑사병이 전파된 계기였다.

이유는 또 있었다. 본래 흑사병은 중앙아시아의 토착 질병으로 검은쥐들에 기생하던 동양쥐벼룩을 기주로 한다. 그런데 중세에 유라시아 동서교역이 활성화되면서 사람·가축·물자의 이동이 빈번해졌다. 그러자 설치류의 서식 범위도 확산되었다. 동서양을 오가던 화물선을 통해 동양의 검은쥐들이 서양으로 그 서식지를 이동하게 된 것이었다. 세계화가 낳은 예기치 못한 부작용이 바로 흑사병이었던 것이다.

독일 트리어 대성당의 사신 석상

신이 인간을 버렸다

흑사병은 지중해 해운망을 따라 유럽 전역으로 퍼져나갔다. 예방도 치료도 불가능했다. 해가 뜰 때마다 시신이 쌓여 갔다. 최초 발생한 이래 1700년대까지 전 유럽을 휩쓸었고, 그로 인해 유럽 인구의 60%가 사라졌다. 도시에서는 반절의 사람들이 목숨을 잃었다. 최초 발생 3년 동안에만 무려 4,000만 명이 희생되었다. 유럽인들에게 죽음은 일상이 되고 말았다.

그래도 유럽인들은 웅장한 대성당이 솟아 있는 도시에서라면 신의 은총으로 안전할 것으로 생각했다. 하지만 헛된 꿈이었다. 기도도 소용없었다. 창궐 1년이 지나자 병에 대한 공포는 신에 대한 공포로 이어졌다. 죽음이 일상이 되자 사후에 대한 불안도 커졌다. 이제 사람들은 영혼을 구하기 위해 교회로 몰려들었다. 죽음을 휘두르는 사신들이 날뛰는 현실에서의 공포를 종교를 통한 내세의 구원으로 견뎌내고자 했던 것이다.

미카엘 볼게무트의 '죽음의 무도' 일부(1493)

죽음 앞에 누구나 평등하다

19세기를 살았던 뵈클린은 음울한 정신과 예민하고 내성적인 성향을 예술의 중요한 태도로 파악한 상징주의 계열의 화가였다. 그런 그에게 흑사병은 '죽음'이라는 주제를 강렬하게 드러낼 수 있는 매혹적인 소재였다. 작품 '페스트'를 통해 그가 말하고자 한 것은 인간을 위협하는 무자비한 죽음이었고, 광기였다. 그리고 죽음은 지위 고하나 재산의 많고 적음을 가리지 않는 평등한 것이라는 것이었다.

죽음에 대한 이러한 태도는 그에게서 비롯된 것은 아니다. 그 이전 미카엘 볼게무트가 그린 '죽음의 무도'의 해골들도 흑사병이자 죽음이다. 죽은 인간이기도 하다. 그들은 무덤 위에서 연주하고 춤을 춘다. 그리고 산 자는 죽음을 따라간다. 성직자도 왕도 아이도 어른도 마찬가지다. 팔레르모 아바텔리스 궁의 벽화 '죽음의 승리'를 보더라도 그렇다. 날뛰는 죽음 앞에 귀족도 평민도 순서도 아무 의미가 없다.

팔레르모 아바텔리스 궁의 벽화 '죽음의 승리'(1446)

1부 그림으로 읽는 역사

감당할 수 없을 때 희생양을 찾는다

사실 흑사병의 창궐은 국가 간에 활발해진 무역과 더불어 집들이 빽빽하게 들어찬 상업 도시의 환경 탓이 컸다. 하지만 중세의 사람들은 신의 분노라고 생각했다. 그래서 희생양이 필요했다. 그런 그들 눈에 띈 대상이 바로 유대인과 여성이었다. 특히 유대인 중에는 당시 돈을 빌려주고 비싼 이자를 받는 고리대금업으로 부자가 된 이들이 많았다. 때문에 경제발전상 어쩔 수 없이 고리대금이 필요했음에도 시선이 곱지 않았고, 또 시샘도 컸다. '신의 벌'인 흑사병의 희생양으로서 유대인은 그야말로 적확한 희생양이었던 것이다.

시작은 유대인들이 우물에 독을 퍼뜨렸기 때문에 흑사병이 발생했다는 소문이었다. 그러자 이들을 죽여 세상을 정화하자는 움직임이 일어났고, 결국 200개 이상의 마을에서 수천 명의 유대인들이 죽임을 낭했다. 그들은 재판도 없이 화형을 당했다. 살기 위해서는 빚을 탕감해준다는 서약서에 서명을 해야 했다. 죽은 유대인의 재산은 영주와 교회가 나눠 가졌다. 그것은 종교적으로 원죄의 근원이었던 여성도 마찬가지였다.

전염병에 대한 공포는 지속적으로 이어져 왔다. 그 대상이 미지의 것일수록 인간이 가진 공포는 커진다. 메르스처럼 말이다. 의학이 발달해도 새로운 질병은 발생하기 마련이다. 그러나 정작 무서운 것은 죽음 자체가 아니라 죽음에 의한 광기이자 공포다. 그리고 그 공포로 인해 비뚤어진 행동이다.

부패한 종교와 광기의 희생양, 마녀사냥 Chasse aux Sorciéres

종교가 사회 전반을 장악하고 있던 시절, 교회는 권력과 기득권을 유지하기 위해 교회 권력에 대항하는 것으로 보이는 이들을 마녀·마법사로 몰아 고문, 재판, 사형에 이르는 행위들을 자행했다. 초기에는 마녀의 재판을 종교재판소가 전담했지만 이후 세속법정이 주관하게 되면서 모략은 광기로 변해갔다.

마녀사냥은 15세기 이후 이교도의 침입과 종교개혁으로 분열되었던 종교적 상황에서 비롯된다. 즉, 위기에 봉착한 교회가 종교적 번민을 해결하기 위한 수단으로 시작한 것이었다. 여기에 종교전쟁·30년전쟁·백년전쟁·흑사병 등으로 피폐해지자 그 피폐의 원인이 필요해졌고, 그 원인을 마녀와 마법사에서 찾으면서 가속화되었다.

마녀 지명은 일방적으로 이루어졌다. 광기에 빠진 마녀 사냥꾼들은 결코 '괴물'이 아닌, 평범하고 선한 이웃들이었다. 교회는 평소 못마땅하게 여겼거나 경제적으로 풍족한 과부를 마녀로 고발했다. 마녀로 지목되는 순간이 바로 마녀가 되는 순간이었다. 마녀인지 아닌지를 밝히는 증거는 별로 중요하지 않았다. 자백만 있으면 그만이었다. 결국 극악한 고문이 필요했다. 죔쇠로 손가락을 으스러뜨리기, 벌겋게 달군 쇠꼬챙이로 살을 지지기 등은 약과였다. 몸에 바윗덩어리를 매달아 관절에서 뼈를 빼버리기도 했다. 고문으로 죽거나 자백을 한 후 화형으로 죽거나 죽기는 매한가지였다. 그 덫에서 벗어날 수 있는 사람은 아무도 없었다.

미국의 인류학자 마빈 해리스의 연구에 따르면 15세기에서 18세기에 이르는 동안 마녀 또는 마법사라는 죄목으로 처형된 사람이 무려 50만 명에 이른다. 특히 희생자 중에는 여성이 많았는데, 이는 여성 그 자체가 원죄라는 기독교 관점에 기인한 것으로 풀이된다.

오늘날에는 그 어떤 근거도 없이, 또는 비상식적인 근거를 내세워 '집단이 개인을 집중적으로 공격하거나 몰아세우는 것'을 빗대는 말로 사용되고 있다.

기억해두면 쏠쏠! 데 있을걸 — 잔 다르크의 유해는 진짜? 가짜?

1867년 파리의 한 약국에서 검게 그을린 갈비뼈와 골반뼈, 고양이 다리뼈, 천 조각 등이 담긴 병이 발견되었다. 병에는 '오를레앙의 성처녀 잔 다르크의 무덤 아래에서 발견된 유물'이란 문구의 딱지가 붙어 있었다. 마녀 화형 때 고양이를 함께 불태웠다는 정황과 병의 문구로 인해 오랫동안 이 유해는 잔 다르크의 것이라고 믿어졌다.

그런데 역사는, 영국군이 대중의 사랑을 받았던 그녀의 유해가 대중에 손에 들어가는 것을 두려워해 세 번이나 더 불에 태워서 잿더미로 만든 후 세느강에 내다버렸다고 기록하고 있다. 그러면 세느강에 버려진 것은?

논란은 100여 년이나 이어졌다. 결국 가톨릭 교회는 잔 다르크의 유해가 확실하다는 것을 증명하기 위해 유해를 연구팀에 내줬고, 결국 2009년 그 결과가 세상에 발표되었다. 결론은? 가짜였다. 잔 다르크의 것으로 알려졌던 유해는 기원전 3세기경의 이집트 미라라고 연구팀은 설명했다.

이집트의 미라가 잔 다르크가 된 이유는 무엇일까? 잔 다르크를 통해 다시 한 번 프랑스의 국론을 통일하기 위한 정치적 쇼였을까? 아니면 중세 학생들의 농담이 너무 진지하게 사회적으로 받아들여졌던 것일까? 그도 아니면 잔 다르크를 성인(聖人)으로 추대하려던 19세기 프랑스 가톨릭교회의 농간이었을까?

헤르만 슈틸케의 '화형대 위의 잔 다르크'(1843)

혁명가의 희생인가, 공포정치의 대가인가

– 마라의 죽음 La Mort de Marat

욕조 안에 나신의 사내가 누운 듯 앉아 있다. 목욕을 하다 따뜻한 물에 나른해진 듯 고개를 옆으로 떨구고 있다. 방금 전까지 무언가를 쓰고 있었는지 한 손에는 펜이, 다른 한손에는 편지지가 들려 있다. 편지지 속 글씨마저 선명하다. 편지를 쓰다 잠시 잠이 든 것일까, 하는 의구심이 들 때 제목이 고개를 갸웃하게 한다. 마라의 죽음! 그제야 오른쪽 겨드랑이 아래 새하얀 천 위에 묻은 듯, 흐르듯 조용히 존재를 드러내는 선혈이 눈에 들어온다.

암살된 혁명가

'마라의 죽음'은 프랑스 혁명정부의 지도자이자 유명한 저널리스트였던 장 폴 마라(Jean Paul Marat)의 암살이라는 충격적인 사건의 현장을 그리고 있다. 그런데 이상하다. 암살이라면 살인사건의 현장이 분명한데 잔인하거나 충격적이라기보다 평온하다. 아니, 숭고한 느낌마저 든다.

노란색의 나무 탁자, 녹색의 탁자보, 그리고 하얀 천 외에는 눈길을 끄는 그 어떤 거추장스러운 장식도 없다. 화폭 상단을 가득 채운 검은색이 장엄하고 경건한 분위기를 자아내는데 구도마저 낮게 깔려 있다. 어둠 속에 마라가 있다는 것을 알려주는 건 한 줄기 빛이다. 그 빛으로 더 이상 온기가 없음에도 살아 숨 쉴 때의 고상한 아름다움이 향기처럼 풍긴다.

자크 루이 다비드(프랑스) / 1793년 / 캔버스에 유채
128×165cm / 벨기에 왕립미술관(벨기에 브뤼셀)

숨겨진 화가의 의도

이제 마라가 마지막 숨을 토할 때까지도 손에 쥐고 있던 편지에 주목해보자.

> 1793년 7월 13일,
> 마리 안나 샤를로트 코르데가 시민 마라에게
>
> 나는 충분히 비참합니다.
> 때문에 당신의 자비가 필요합니다.

그럼 노란 나무 탁자 위에 있는 작은 쪽지는 어떤가.

> 이 5프랑짜리 지폐를 다섯 아이의 엄마에게 전해주게.
> 그녀의 남편은 조국을 위해서 목숨을 바쳤다네.

물론 실제로 마라는 이런 쪽지를 쓴 적이 없고, 또 그가 살해당할 당시 탁자 위에 놓여 있지도 않았다고 한다. 그렇다면 다비드는 왜 이런 장치를 마련한 것일까?

권력을 향한 분열

18세기 유럽의 역사는 혁명의 역사라고 해도 과언이 아니다. 특히 1789년의 프랑스 대혁명은 봉건질서를 타파하고 시민사회로의 변화를 견인한 대사건이었다. 혁명의 소용돌이 속에서 마라는 당통과 로베스피에르와 함께 급진파인 자코뱅당을 대표하던 인물이었다. 또한 평소 "공화국의 앞날을 방해하는 인민의 적은 10만 명이라도 처형할 수 있다"는 주장을 서슴지 않았을 정도로 혁명을 주도한 인물들 가운데서도 가장 과격한 사상을 지니고 있었다. 한마디로 적이 많았다.

대혁명 이후 혁명세력은 집권세력이었던 자코뱅(Jacobins)당과 소수파인 지롱드(Girondins)당으로 분열되어 있었다. 흔히 자코뱅당은 급진, 지롱드당은 온건으로 구분하고 있지만 실상은 그렇게 단순하지 않다. 자코뱅당은 중앙집권·혁명전쟁·여성참정 반대로, 지롱드당은 지방분권·평화주의·여성참정 찬성으로 첨예하게 대립했다. 그런데 혁명의 혼란이 좀처럼 가시지 않았던 당시 급진파 자코뱅당이 귀족이나 반대파에게 휘둘렀던 폭력 속에는 항상 마라가 있었다.

시민의 권력을 시민에게 돌려주어야 한다

이런 때에 마라가 암살당했다. 범인은 현장에서 붙잡혔다. 스물다섯 살의 마리 안나 샤를로트 코르데라는 젊은 여성이었다. 바로 '마라의 죽음'에서 마라가 왼손에 들고 있는 편지를 보낸 인물이다. 즉, 그 편지는 코르데가 마라를 만나기 위해 사용한 거짓 청원서였던 것이다. 아름답고 젊은 여인의 방문에 마라의 마음이 시

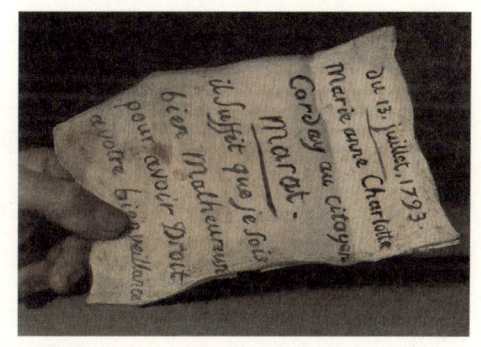

민을 위한 정치가로서였는지 음흉한 사내로서였는지는 알 바 아니나 그의 죽음이 코르데의 가짜 청원서로 시작되었다는 것은 확실하다.

한편 체포 당시에 그녀의 드레스에는 누구라도 대신 읽어줄 수 있도록 단단히 붙여놓은 연설문이 있었다.

   마라는 프랑스인의 피로 살찌고 있는 야만스러운 짐승이다.

장 자크 오에르의 '샤를로트 코르데의 초상'(1793)

코르데는 자신을 지롱드당이라고 했다. 그녀에게 마라는 공포정치를 수행한 탐욕한 집권자이자 수많은 동지를 형장으로 보낸 민중의 적이었다. 공포정치를 끝내고 시민의 힘으로 이뤄낸 혁명을 다시 시민에게 돌려주어야 한다는 사명감으로 마라를 죽였다고 주장한 코르데는 공범을 추궁하는 심문에 아무런 답도 주지 않았고, 결국 마라 암살 사흘 뒤 형장의 이슬로 생을 마감했다.

숭고하게 표현된 죽음의 이미지

다비드는 혁명정부에 깊이 관여하면서 정치성향을 강하게 드러낸 화가였다. 그는 혼돈의 시대일수록 이상적인 혁명가나 순교자들이 역사에 커다란 영향을 끼친다는 사실을 잘 알고 있었다. 혁명 후 프랑스를 주도한 급진개혁세력의 입장에서도 마라의 죽음은 정치적으로 효용성이 컸다. 이에 자코뱅당이 장악하고 있던 프랑스 의회는 마라가 죽은 다음 날 다비드를 장의위원으로 임명하고 마라의 죽음을 현장에서 그려 후세에 남기라고 지시했다. 마라를 세상으로 다시 불러내어 민중 속에 살아 있게 한다는 의도였다.

다비드는 의도적으로 마라의 죽음을 그리스도의 죽음에 견주어 표현했다. 화면 오른쪽 위 모서리에서 서서히 들어오는 빛은 성자의 영혼을 천상으로 인도하는 기독교 회화의 구성방식을 따른 것이었다. 또한 마라의 머리에서 수직으로 내려온 천의 주름, 늘어뜨린 오른손, 화면 가운데를 가르는 하얀 천과 녹색 천, 그리고 수직으로 놓인 나무 탁자로 편안한 죽음의 이미지와 성스러운 분위기를 연출했다. 화면 앞쪽에 놓인 나무 탁자에 "마라에게 다비드가 바친다"라는 글귀까지 새겨 넣었다. 언뜻 미켈란젤로의 피에타상의 예수가 연상된다. 마라의 죽음을 순교자로 격상시킴으로써 미완의 민중혁명이 완성되기를 바란 것이었다.

미켈란젤로의 '피에타'(1499)

진정한 혁명가는 누군인가

하지만 공포정치에 반대하던 지롱드당이나 시민들 입장에서 진정한 혁명가는 코르데였다. 코르데는 단신으로 당대 최고 권력자의 침실에서 그 권력자를 죽였을 뿐 아니라 계획을 실행한 후 도망치지도 않고 당당하게 잡혔으며, 단두대로 향하면서도 당당하고 차분했다. 코르데의 사형집행인이었던 샤를 앙리 삼손은 그녀에 대해 이렇게 말했다.

> 그녀를 바라보면 볼수록 끌리고 매료되었다.
> 분명 그녀는 아름다웠다. 그 아름다움도 아름다움이지만
> 어떻게 마지막까지 저렇게 사랑스럽고
> 의연할 수 있는지 믿을 수 없었다.

그래서였을까? 이후 '마라의 죽음'이라는 제목의 그림들 속 코르데는 언제나 아름답고 당당하다.

상식적 측면에서 한 가지 의문이 있기는 하다. 정치가가 젊은 여성의 청원을 받아 방문을 허락했는데, 그는 왜 나신으로 욕조에 있는 것일까, 하는…. 책상에서 청원인을 맞는 게 상식적일 텐데 말이다. 그런 의미에서 에드바르 뭉크의 작품에 눈길이 간다. 뭉크의 공간은 욕실이 아니라 침실이다. 그리고 섬뜩하다. 피로 물든 침대보와 정면을 향해 서 있는 여인의 나신은 정치적 암살이라는 느낌보다는 치정, 복수와 같은 느낌에 더 가깝다. 뭉크의 여성 혐오를 무시할 수는 없겠지만 혁명의 기운이 사라진 후 정치적 상황보다는 사건 자체에 객관적으로 접근하게 된 때문으로 이해된다.

1 장 자크 오에르의 '1793년 7월 13일 마라의 죽음'(1794)
2 폴 자크 에메 보드리의 '암살자 샤를로트 코르데'(1860)
3 산티아고 레불의 '마라의 죽음'(1875)
4 장 조제프 비에르츠의 '마라의 암살'(1880)
5 에드바르 뭉크의 '마라의 죽음'(1907)

마라보다 더 유명한 마라의 죽음

다비드의 '마라의 죽음'이 유명해진 것은 다비드가 죽고 25년 후였다. 시인 샤를 보들레르 때문이었다.

> 드라마가 여기에 있구나.
> 저 처연한 공포가 생생하게 나타난 것을 보라.
> 이 그림은 단연 다비드의 걸작이면서
> 현대 미술의 위대한 호기심 중 하나다.
> 이상한 재주를 피우거나 사소하고 사악한 것이 없기 때문이다.
> 신랄하면서도 부드러운 작품이다.
> 욕조 주변으로 차가운 벽과 공기 속을 날고 있는 저 영혼을 보라.

정치는 좋거나 나쁜 것, 선하거나 악한 것으로 간단히 규정할 수 없다. 더욱이 투쟁의 소용돌이에서는 정의롭기도, 공정하기도 쉽지 않다. 정치적 격변기에는 어제의 영웅이 오늘의 역적이 되기도 하고, 오늘의 역적이 다시 내일의 영웅이 되기도 한다. 그래서일까? 세상은 죽음을 각오한 코르데의 결기나 의도와는 달리 돌아나갔다. 마라가 죽은 지 사흘 뒤, 코르데가 단두대에 오른 바로 그날 로베스피에르 주도로 '자코뱅 헌법'이 제정된 것이다. 그것은 1년 동안 4만여 명 이상이 숙청되는, 더욱 강력한 공포정치의 시작이었다.

기요틴, 그리고 권력을 가진 적 없었던 권력자

1793년 3월 10일, 혁명재판소가 설치되었다. 이어서 의회는 각 자치 단체에 반혁명파 단속을 위한 감시위원회를 설치하고, 9명으로 구성된 공안위원회의 설치를 결정했다. 그리고 4월 6일, 혁명재판소의 첫 번째 법정이 열리고 공안위원회가 발족했다. 공포정치의 시작이었다. 그리고 마라가 암살되고 14일 후인 1793년 7월 27일 공안위원회에서 중책을 맡으며 전면에 나선 이가 바로 로베스피에르였다.

레이몽 몽브와쟁의 '테르미도르 9일'(1840). 로베스피에르와 그의 동료들은 혁명력 2년 테르미도르 9일, 즉 1794년 7월 27일 의회에서 상처를 입고 체포되었다.

로베스피에르에게 실권이 있던 시절, 심리도 재판도 필요 없었다. 언제 어느 때 끌려가 투옥되어 고문받아도, 심지어 단두대에 올라가도 이상할 게 없었다. 루이 16세의 왕비 마리 앙투아네트는 물론이고 정치적으로 자코뱅당 반대편에 있었던 지롱드당의 인사들 20여 명이 처형되었다. 마라와 로베스피에르와 함께 프랑스 대혁명의 3거두라고 불렸던 조르주 당통도 '반혁명 세력을 도와준 혐의'로 혁명재판을 받고 단두대에 올라야 했다.

이런 이유로 역사는 로베스피에르를 냉혈한이자 독재자로 기록한다. 그래서일까? 그가 가난한 사람과 약한 사람의 권리를 지키려 애썼으며, 공포정치 기간 중 프랑스의 실질적 지배자였음에도 제대로 된 식사조차 하지 못할 정도로 지독하게 곤궁했던, 청빈한 사람이었다는 것을 아는 이는 많지 않다. 시민들이 식량부족으로 굶어 죽어가는 와중에도 혁명정부의 부르주아 의원들은 매일 파티를 열고 뇌물을 축적하기에 여념이 없었음에도 말이다.

> 사회구성원 모두의 생존권이야말로 가장 존중되어야 하며,
> 개인의 소유권은 타인의 생존권에 의해 제한되어야만 한다.

로베스피에르에게 공포정치는 모두의 생존을 위해 일부의 권리를 제한하는 것이었고, 극도로 혼란한 프랑스 사회를 가장 빨리 정리하기 위한 수단이었다. 하지만 그는 1794년 7월 27일 체포되어 다음 날 곧바로 자신이 도입한 기요틴(단두대)에서 생을 마감한다. 여기에는 언젠가 적폐로 몰려 죽음을 당할지도 모른다는 두려움을 갖고 있었던 부르주아 의원들의 주도가 있었다. 많은 이들을 적법한 절차 없이 죽음으로 내몰았다는 것은 용서될 수 없다. 그렇다고 시민에게 권력을 되돌려주기 위해 적폐를 처벌해야 한다는 그의 신념까지 비난하는 것도 바람직하지는 않다. 로베스피에르 사후 권력을 잡은 부르주아 정부가 나폴레옹의 쿠데타로 몰락했을 때 대부분의 프랑스 시민들이 환호한 것만으로도 적폐가 누구였는지 가늠하게 하니까. 역사가 승자의 기록이라는 것을 매번 잊지 말아야 하는 이유이기도 하다.

조지프 말러드 윌리엄 터너(영국) / 1838~1839년 / 캔버스에 유채
91×122cm / 내셔널 갤러리(영국 런던)

해가 지지 않는 과거의 영광에 바치다

해체를 위해 마지막 정박지로 예인되는 전함 테메레르
The Fighting Temeraire tugged to her last berth to be broken up

이제 막 넘어가는 해의 여운이 장엄하게 불타고 있는 하늘 아래 잔잔한 바다 위를 거대한 전함이 예인되어 오고 있다. 전함 테메레르다. 삼킬 듯 터질 듯 화폭을 가득 채운 석양의 위용에 전함이 누렸던 과거의 명성 따위는 보이지도 않는다. 향수와 상실, 그 아련하고도 애잔한 실체는 영락없는 퇴역 군인의 모습이다.

시간에의 순응과 관조

터너는 이 낡은 테메레르를 아련하고도 옅게 처리했다. 이 때문에 테메레르는 마치 자신의 최후를 알고 있는 듯하다. 그럼에도 여전히 위용을 자랑하는 돛대에서는 활약할 당시의 위엄이 느껴진다. 실제로 이날 테메레르에는 돛이 없었지만…

화가의 이러한 예우에도 불구하고 연기와 불꽃을 내뿜는 증기 예인선에 의해 무기력하게 예인되고 있는 테메레르는 해지는 바다마저 장악하지 못하는, 하나의 소품에 불과하다. 시간의 흐름에 수반하는 필연적인 변화, 최후를 담담히 관조하는 시각을 보여주고 있는 듯하다. '해가 지지 않는 나라'를 이끌던 과거의 명성이 무색하다. 저항도 없고 미련도 없다. 해체되어 덧없이 사라지는 순간을 받아들이고 있다.

영국함대의 빛나는 승리

이 작품이 로열 아카데미에 전시되었을 때 엄청난 찬사를 받았다. 한 평론가는 "이 시대가 낳은 거장의 가장 훌륭한 작품"이라고 평했고, 영국의 소설가인 윌리엄 새커리는 "국가의 위대한 송시"라고 칭송했다. 또한 BBC 방송에서 조사한 '가장 위대한 영국 그림'에서 당당히 1위를 차지하기도 했다.

1부 그림으로 읽는 역사

작가 터너도 "돈을 주거나 혹은 부탁을 한다 해도 내가 사랑하는 이 그림을 빌려주지 않을 것이다"라고 했을 만큼 작품에 대한 애착이 컸다.

사실 영국인이라면 이 작품을 모르는 이가 없을 정도다. 하지만 테메레르에 대한 사전 지식 없다면 그 명성에 의구심을 품을 수밖에 없다. 테메레르는 1798년에 첫 출항한 98개의 포문을 가진 2등급 전함의 이름이다. 정확하게 말하면 테메레르라는 이름을 가진 두 번째 배였다. 첫 번째 테메레르호는 프랑스에서 건조된 배였다. 7년전쟁 중이던 1759년 나포되어 영국군함으로 사용되었지만, 그 후에도 이름은 그대로 유지되었다. 1805년 두 번째 테메레르호는 트라팔가르 해전에서 두 척의 적함을 나포하는 눈부신 전과를 올렸다. 그러나 아무리 전적이 화려해도 시간을 비껴갈 수는 없었다. 범선의 시대가 가고, 철갑의 증기선이 그 자리를 대체했기 때문이다.

나폴레옹과 넬슨

데메레르가 눈부신 전적을 올렸던 1800년 전후, 유럽 대륙은 나폴레옹 1세가 이끄는 프랑스 제1제국의 지배하에 있었다. 하지만 그 힘은 어디까지나 유럽 대륙에만 국한된 것이었다. 영국 해군이 해상봉쇄를 통해 프랑스의 해군력을 억제하는 동시에 영국 본토에 대한 침공을 막아내고 있었기 때문이다. 나폴레옹으로서는 일단 영국을 제압해야만 했다. 그런 상태로는 나폴레옹의 원대한 동방원정이 꿈으로 끝날 수밖에 없기 때문이었다. 결국 프랑스는 에스파냐와의 연합함대를 편성했고, 불로뉴항에 집결한 35만 연합함대 원정군에게 '해상봉쇄를 돌파하고 영국 본토 상륙을 엄호하라'는 임무를 하달했다. 이에 영국은 호레이쇼 넬슨 제독이 이끄는 함대를 보내 맞섰다.

연합함대는 서인도제도를 급습해 넬슨을 유인함으로써 영국함대를 분산시키는 데 성공했다. 그리고 지브롤터해협의 카디스로 이동해 영불해협 공략을 위해 전열을 정비했다. 이때 나폴레옹은 이런 명령을 내렸다.

  6시간만 영불해협을 장악하라.
  영국함대를 6시간만 묶어두면 프랑스군은 영국 본토에 상륙할 것이다.
  그러면 나는 세계의 제왕이 될 수 있다.

하지만 그 꿈은 넬슨이 이끄는 영국함대에게 또다시 막혀버렸다.

영광의 트라팔가르 해전

1805년 10월 21일 카디스와 지브롤터해협 사이의 트라팔가르곶 서쪽, 연합함대 33척과 영국함대 27척이 교전을 준비하고 있었다. 그날 넬슨은 교전에 앞서 차분히 일지를 쓰기 시작했다.

  한 사람의 인간으로서 내 생명은
  그것을 나에게 부여하신 신의 가호에 맡기며,
  내 조국에 헌신적으로 봉사하기 위한 나의 모든 노력에
  신의 은총이 있기를 바랍니다.
  나 자신과 지금 내가 지키려고 하는
  정당한 대의명분의 운명을 당신께 맡깁니다.

이미 넬슨은 최후의 교전을 예상하고 있었던 것이다.

12시 5분, 넬슨이 타고 있던 기함 빅토리의 함포에서 대포가 발사되었다. 그리고 빅토리는 그 즉시 연합함대의 기함 뷔상토르를 향해 돌진해 들어갔다.

1부 그림으로 읽는 역사

레뮤얼 프란시스 애벗의
'해군제독 호레이쇼 넬슨 경의 초상'(1799)

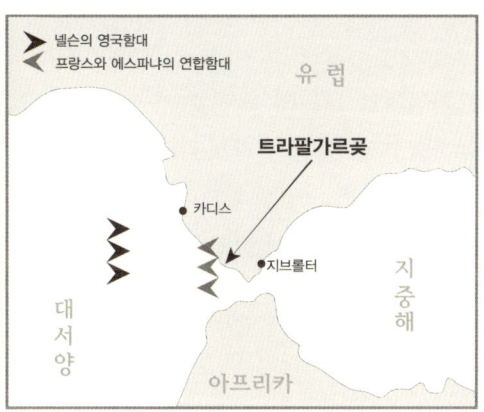

트라팔가르의 위치와 함대의 대치상황

함대의 중앙 부위를 기습적으로 격파해 전열을 무너뜨린 다음 궤멸시키는 전술이었다. 그리고 함대를 이끄는 빅토리 바로 오른쪽에 테메레르가 있었다. 그날 프랑스 연합함대는 19척이 격침되거나 나포되었다. 그리고 6,000여 명의 사상자가 발생했고 2,000여 명이 포로가 되었다. 반면 영국 함대는 반파되고 1,600여 명의 사상자가 있기는 했지만 배는 단 한 척도 잃지 않았다. 테메레르도 그렇게 살아남았다.

윌리엄 클락슨 스탠필드의 '트라팔가르 해전'(1836)

조지프 말러드 윌리엄 터너의 '트라팔가르 해전'(1808)

트라팔가르 해전의 패배로 영국을 침공하려던 나폴레옹의 야심은 완전히 무산되고 말았다. 수적으로 우세했던 연합함대가 패배한 것은 혁명의 여파로 프랑스 해군이 위축된 때문이기도 했다. 그러나저러나 이후 영국은 프랑스를 완전히 봉쇄했다. 1588년 에스파냐의 무적함대 아르마다를 격파하면서 획득했던 해양 통제권을 되찾고 다시금 해군력을 과시하게 되었다.

영광을 뒤로 한 쓸쓸한 퇴역

그러나 트라팔가르 해전 막바지에 함대를 이끌던 넬슨이 저격을 당해 쓰러지고 만다. 그가 타고 있던 빅토리로 폭우처럼 총알과 포탄이 날아들었다. 금방이라도 나포될 기세였다. 그때였다. 포화를 뚫고 나타난 전함이 있었다. 바로 테메레르였다. 테메레르는 빅토리를 구해냄으로써 트라팔가르 해전을 승리로 이끄는 데 결정적인 역할을 했다. 이런 이유로 '전함 테메레르'는 영국의 승리와 제국의 영광을 되새기는 구호가 됐다. 그것은 오늘날의 영국인들에게도 마찬가지다.

그러나 세월을 이기지 못하는 것은 사람만이 아니다. 그로부터 33년이 지난 1838년 테메레르는 템즈강에서 자기보다 훨씬 덩치가 작은 증기선에 예인되어 어디론가 끌려간다. 운수업자에게 팔아넘겨진 것이다. 하지만 새 주인 운수업자는 쇠락한 배보다는 통나무 장작이 필요했다. 결국 1838년 9월 5일과 6일, 테메레르는 항구에서 전함으로서, 배로서의 생을 마감했다.

1 루이 필리프 크레팽의 '트라팔가르 해전에서의 전함 르두타블'(1807)에서의 전함 테메레르
2 해체되기 위해 해안으로 예인되고 있는 유령처럼 쇠락한 테메레르

노작가의 향수와 사라지는 아름다움

이 작품을 그렸을 때 터너는 예순 살이었다. 그는 이미 폐선이나 다름 없는 테메레르였지만 초라하게 그리고 싶지는 않았던 모양이다. 진즉에 사라져버린 세 개의 돛대를 그려 넣었으니까. 변해버린 시대를 상징하는 증기선에 의해 속절없이 끌려가고는 있지만 한때 영웅이었던 전함의 퇴역이 초라하기 않게 기억되기를 바랐던 것은 아닐까 싶다.

터너의 테메레르는 증기선에 의해 마지막을 향해 가면서도 결코 두려움에 떨거나 조급해 하지 않는다. 초월한 듯, 처연하기까지 하다. 변화와 경쟁 속에서 뒤처질까 조급해하고, 누군가가 나의 자리를 뺏진 않을까 두려워하는 우리의 모습 같은 건 찾아볼 수가 없다. 변화는 시간의 본질이다. 거스를 수 없다. 테메레르는 우리에게 변화를 겸허히, 담담히 받아들이라고 충고하고 있다. 잔잔하지만 진한 감동과 위로가 전해진다.

세계 해전사에 빛나는 4대 해전

4대 해전	구 분	내 용	
살라미스 해전	시 기	BC.480년 9월 25일	
	대 결	그리스(승리)	페르시아
	집권자	테미스토클레스(아테나이 집정관)	크세르크세스 1세
	사령관	테미스토클레스	크세르크세스 1세
	함대 규모	약 420척	약 800척
	페르시아 전쟁이 한창인 기원전 480년 9월 아테나이 인근 사로니코스만의 섬인 살라미스와 육지 사이의 해협에서 벌어진 해전이다. 영화 '300'으로 잘 알려진 테르모필레 전투에서 패배하고 그리스 본대도 궤멸되자 그리스 연합군은 살라미스 섬 인근으로 물러나 전열을 정비했다. 그리고 이후 연합군을 이끌던 테미스토클레스는 뒤쫓아 온 페르시아 해군을 유인해 살라미스해협에 가둔 채 공격을 가함으로써 200여 척이 넘는 페르시아 함선을 침몰시키거나 나포하는 큰 승리를 거뒀다. 이로써 페르시아 전쟁 발발 이후 패배를 몰랐던 페르시아 원정군의 진격에 제동이 걸리면서 전쟁은 승패를 나눠 갖는 교착상태에 빠지고 만다.		

그리스 해군선

시 기	1588년 8월 7일	
대 결	영 국(승리)	에스파냐
집권자	엘리자베스 1세	펠리페 2세
사령관	프랜시스 드레이크	메디나 시도니아
함대 규모	197척	130척
대표 함선	레이스빌트(Race Built) 갤리온	아르마다(Armada)

칼레 해전

에스파냐가 무적함대 아르마다를 이끌고 영국을 침략했다. 제해권을 확고하게 차지하기 위해서였고, 영국을 다시 가톨릭 국가로 되돌리기 위해서였다. 영국 해적들의 노략질에 대해 앙갚음하려는 의도도 있었다. 그러나 지상군까지 준비했지만 바람의 도움을 받지 못한 데다가 전술까지 실패함으로써 영국과 스코틀랜드의 어떤 항구에도 입항하지 못한 채 칼레 해협에서 81척의 함선을 잃고 퇴각하고 만다. 이후 엘리자베스 1세의 영국은 제해권을 틀어쥐고 인도, 아프리카 등에 많은 식민지를 건설하며 해상강국으로 발전했다.

필립 루테르부르의 '아르마다의 침몰'(1796)

한산도 해전

시 기	1592년 7월 8일(음력)	
대 결	조 선(승리)	일 본
집권자	선 조	도요토미 히데요시
사령관	이순신	와키사카 야스하루
함대 규모	54척	73척
대표 함선	판옥선, 거북선	층각대선(層閣大船)

592년(선조 25) 4월 수륙병진계획을 위해 거제도에 침범한 왜군을 전라좌수사 이순신이 이끄는 조선수군이 한산섬 앞바다로 유인한 후 학익진 전술로 공격해 승리를 거둔 해전이다. 임진왜란 3대첩 중 하나다. 이날 조선수군은 왜선 12척을 나포하고 47척을 침몰시켜 왜수군의 주력을 거의 격파했다. 이로써 왜의 수륙병진계획은 좌절됐고, 육지에서 잇단 패전으로 사기가 떨어진 조선군에게는 승리의 용기를 주었다. 또한 이날 이후 남해안 일대의 제해권은 조선수군의 것이 되었다.

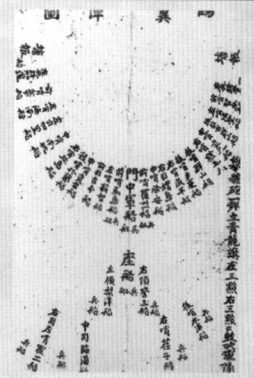

학익진 전술도

트라팔가르 해전

시 기	1805년 10월 21일	
대 결	영 국(승리)	프랑스-에스파냐 연합
집권자	조지 3세	나폴레옹 1세
사령관	호레이쇼 넬슨	피에르 드 빌뇌브
함대 규모	27척	33척
대표 함선	빅토리(HMS Victory)	뷔상토르(Bucentaure)

트라팔가르곶 서쪽에서 빌뇌브가 이끄는 33척의 연합함대와 넬슨 제독의 영국함대 27척 사이에 벌어진 해상 교전으로 영국함대가 승리했다. 넬슨이 저격병의 총에 맞아 사망하고 1,500명의 영국군이 죽거나 다쳤지만 함대는 온전했다. 트라팔가르 해전의 참패로 영국을 침공하려던 나폴레옹의 계획은 완전히 좌절되었으며, 영국은 이후 100년 동안 해군력에서 우위를 지켰다.

살아 숨 쉬는 현실의 투영

― 바벨탑 De Toren van Babel

피터 브뤼겔(플랑드르) / 1563년 / 패널에 유채
114×154cm / 빈 미술사 박물관(오스트리아 빈)

> 온 땅의 언어가 하나요, 말이 하나였더라.

창세기 11장 1절의 말씀이다. 그런데 문제가 있었다. 대홍수로 모든 것을 잃어버렸던 인간들이 다시는 홍수로 심판하지 않겠다는 하나님의 말씀을 믿지 못한 것이다. 또 흩어져 살라는 말씀도 어기고 한군데 모여 조직화하고 권력화하기에 이르렀다. 그리고 탑을 만들었다. 하늘에 닿아 홍수를 막아내고 흩어지지 않기 위해서…. 바로 바벨탑이다.

하늘에 닿아도 멈출 수 없는 욕망

탑은 도시 한가운데 거대하게 솟아 있다. 강어귀에 위치한 탑은 나선형의 길을 따라 하늘까지 뻗어 있다. 탑 아래에는 도시가 펼쳐져 있고 강에는 정박 중인 배들이 보인다. 여전히 건설 중이라는 것을 증명하듯 탑 위에는 버팀목들이 즐비하다. 이미 구름을 넘어설 정도로 솟았는데도 멈출 생각은 없어 보인다. 구름마저 뚫은 하늘 아래 거대한 탑은 이미 찌를 듯한 교만의 목소리를 내고 있다.

탑은 나선형 계단을 따라 위로 갈수록 좁아지는 구조를 가지고 있는데, 구름 위 꼭대기는 마치 하늘과 맞닿아 있는 것처럼 보인다. 그러나 이 거대한 탑은 위로 올라갈수록 위태로워 보인다. 좁고 견고하지 못한 벽뿐만 아니다. 색감도 아래쪽의 견고하고 일정했던 것과 달리 부스러질 듯 위태롭다. 완성되지 못한, 미완이 이끄는 불안함이 고스란히 드러나는 구도와 형태, 그리고 색감까지 그 모든 것들이 마치 앞으로 벌어질 불행, 앞으로 탑이 처해질 비극적 운명을 예고하고 있는 듯하다.

과학과 상실, 그리고 경고

탑을 오르는 계단 중간중간에는 인부들이 쉴 수 있는 붉은색 막사가 몇 개 설치되어 있고, 인부들은 건물을 완성하기 위해 기중기로 돌을 올리고 수레로 돌을 나르고 있다. 수평돌기에 설치한 거대한 기중기 바퀴 안에 인부 3명이 들어가 무거운 돌을 들어 올리는 모습이 세밀하고도 섬세하다. 그런데 발로 밟아 돌을 올리는 기중기는 작품이 그려질 당시 안트베르펜(네

덜란드 앤트워프) 시장에서 팔고 있었다. 16세기의 과학의 힘으로 하늘에 다가가고자 하는 인간의 오만함을 그리고 있는 것이다. 뭘까? 바벨탑이 높은 과학의 힘으로 건설되었으나 신의 분노로 그것을 잃고 말았다는 상실을 전하고 싶었던 걸까? 아니면 과도한 과학이 바벨탑과 마찬가지로 신을 위협하고 있으며, 그로 인해 인간은 또 한 번 신의 분노를 경험하게 될지도 모른다고 경고하고 있는 것일까?

화면 왼쪽 하단에는 크기에 맞게 돌을 자르는 석공들의 모습이 보이고, 석공 가운데 한 사람이 누군가에게 무릎을 꿇고 경배하는 모습이 보인다. 흥미로운 것은 무릎을 꿇고 하는 인사는 당시 유럽의 관습이 아니라는 것이다. 작품의 배경이 동방이라는 것을 나타내기 위한 장치로 봐야 하는 이유다. 그리고 경배를 받는 인물은 바로 기원전 2000년대 바빌론의 사냥꾼이고 무사였으며 정복자였던, 그리고 바벨탑 건설을 명령했던 나므롯 왕이다. 전설에 의하면 그는 '하느님의 위대한 사냥꾼'이라는 별명으로도 불렸다. 아무튼 이들 인물 군상들은 각기 다른 민족으로 그려졌다. 하지만 이때까지도 이들은 노아의 후손으로서 하나의 언어를 사용하고 있었다.

여기에 높이 11.4미터나 되는 화폭에 거대한 건축물, 그것은 기울어져 있다. 인간의 허영과 대한 경고이자 그것의 허망함이다. 하지만 미완성임에도 불구하고 바벨탑의 존재는 그 아래의 도시를 눌러버릴 듯한 기세다. 인간은 거대한 우주 속에 존재하는 작은 생명체일 뿐이라는 점이 부각되는 듯하다.

홍수를 대신한 심판

이제 주인공과 조연들이 모였다. 때가 된 것이다.

> 여호와께서 사람들이 건설하는 그 성읍과 탑을 보려고 내려오셨더라. 여호와께서 이르시되 이 무리가 한 족속이요, 언어도 하나이므로 이같이 시작하였으니 이 후로는 그 하고자 하는 일을 막을 수 없으리로다. 자, 우리가 내려가서 거기서 그들의 언어를 혼잡하게 하여 그들이 서로 알아듣지 못하게 하자 하시고 여호와께서 거기서 그들을 온 지면에 흩으셨으므로 그들이 그 도시를 건설하기를 그쳤더라. 그러므로 그 이름을 바벨이라 하니 이는 여호와께서 거기서 온 땅의 언어를 혼잡하게 하셨음이니라. 여호와께서 거기서 그들을 온 지면에 흩으셨더라.
> - 창세기 11장 5~9절

심판이었다. 이번에는 홍수가 아니었다. 바로 언어를 혼잡하게 한 것이다. 말이 통하지 않자 사람들은 더 이상 뜻을 모으지 못했고, 탑 쌓는 일도 불가능해졌다. 결국 사람들은 탑을 버리고 뜻이 통하는 저들끼리 흩어져 버리고 말았다.

식민의 고달픈 현실에 희망과 구원을 던지다

북프랑스, 벨기에, 네덜란드에 걸친 지역인 플랑드르에서 태어난 브뤼겔은 플랑드르를 대표하는 르네상스 회화의 거장이다. 젊은 시절 이탈리아를 여행하다 히에로니무스 보스의 환상적인 착상과 파티니르의 경건하면서도 정열적인 풍경화에 영향을 받았다고 한다. 하지만 그는 단순히 그들을 모방하지 않았다. 실제 취재를 통해 수집한 현실을 예리하고도 사실적으로 묘사했다. 특히 농촌에서 소재를 많이 찾아서 '농부의 브뤼겔'이라고 불렸다.

히에로니무스 보스의 '세속적 쾌락의 정원'(1490~1510)의 지옥 부분

당시 플랑드르는 가톨릭 국가인 에스파냐의 지배를 받고 있었는데, 대부분의 국민들은 칼뱅의 종교개혁의 영향을 받아 개신교를 믿었다. 때문에 에스파냐로부터의 정치적 탄압과 함께 종교적 탄압까지 받고 있었다. 이런 때에 브뤼겔은 고달픈 현실을 복음과 결부시킨 작품으로 절망에 빠진 국민들에게 구원의 메시지를 전달했다. 날카로운 시선으로 부패한 지도자들을 풍자했고, 풍부한 창의력으로 인간의 우매함을 재치 있게 화폭에 담았다. 그럼에도 낙관적인 태도와 순수함을 잃지 않았다. 마치 사람들에게 희망을 주려는 듯. 그래서일까? 사람들은 플랑드르가 에스파냐로부터 독립해 네덜란드를 세운 데에는 그의 노력과 열정이 있었다고 말한다.

요하킴 드 파티니르의 '그리스도의 세례'(1515)

바벨탑에서 찾은 16세기 안트베르펜의 고민

그런데 현실을 풍자했던 브뤼겔에게 바벨탑? 뜬금없는 소재로 보이기 충분하다. 그런데 브뤼겔의 '바벨탑'이 온전히 신앙적 상상력의 산물일 수 없는 이유가 작품 곳곳에 숨어 있다. 먼저 '바벨탑'은 브뤼겔이 안트베르펜에서 활동할 당시 상인이자 금융인이었던 니콜라스 용얼링크의 의뢰로 제작되었다. 먼저 브뤼겔은 작품의 배경으로 시날 지방 들판에 자리 잡고 있는 도시의 강변을 택했다. 당시 네덜란드인들이 해상활동을 통해 부를 축적했기 때문이었다. 그리고 돌처럼 무거운 짐을 옮길 때 소로를 이용하던 당시의 모습을 그대로 화폭에 담았다. 그뿐이 아니다. 자신의 또 다른 작품 '작은 바벨탑'에는 화폭 중간 지점에 오만한 성직자들을 암시하는 붉은 천개를 그려 넣었다. 천개는 햇볕이나 비를 가리기 위해 성체, 유해 또는 행렬 때 저명한 인사를 보호하는 데 사용되는 일종의 천막 또는 우산 같은 것인데, 당시 가톨릭의 고위 성직자들이 천개를 펼치고 행차하는 것이 관례였기 때문이었다.

그럼 왜 바벨탑이었을까? 당시 안트베르펜은 대서양을 건너 아메리카로 가는 바닷길이 열리면서 교역의 중심지로 부상, 최고의 전성기를 누리고 있었다. 서구 세계의 금융 및 경제의 중심지가 되었고, 그로 인해 중동의 비단과 향신료, 발트해 연안 국가의 곡물, 영국의 양모 등을 교역하려는 각국의 상인들로 항상 북적거렸다. 하지만 본래 이 땅에서 살고 있던 주민들로서는 혼란스러운 광경이었다. 규모가 작고 통제하기 쉬운 지역사회였던 안트베르펜 주민들에게는 언어와 관습이 다른 외국인의 유입은 혼란 그 자체였던 것이다. 작은 도시에 넘쳐나는 다양한 언어들…, 브뤼겔은 주민들과 외국인과의 의사소통의 문제를 창세기 속 바벨탑에서 찾았다. 그에게 바벨탑은 신앙과 현실에서의 고뇌와 고통의 산물이 아니라 자신이 살고 있는, 날 것 그대로의 그 땅, 그리고 그 시간 자체였던 것이다.

기억해두면 쓸!데 있을걸 — 네덜란드 독립전쟁의 영웅과 당근

아드리안 토마츠 케이의 '빌렘 1세'(1580)

고대 그리스 시대부터 식용으로 사용된 야생 당근의 원산지는 지금의 아프가니스탄 일대였다. 10세기에 서유럽으로 퍼져 나갔고, 우리나라에도 원나라를 거쳐 13세기에 이미 들어와 있었다. 그런데 원래 당근은 빨간색, 노란색, 심지어 검은색까지 그 색이 다양했다. 지금 우리가 먹는 주황색의 당근은 없었다.

주황색 당근이 등장한 것은 17세기 네덜란드에서였다. 빨간색 당근과 흰색 당근을 교배시켜 인위적으로 만들어낸 것이다. 이후 네덜란드가 주황색 당근만 심으면서 나머지 색의 당근들은 자연스럽게 도태되어 갔다. 그럼 왜 주황색이었을까?

결론부터 말하자면 네덜란드 독립의 영웅 오렌지공 윌리엄 때문이었다. 오렌지공 윌리엄으로 알려진 그의 본명은 오라녜 공작, 빌렘 1세다. 헤일리헤를레이 전투를 이끌며 독립전쟁을 촉발시킨 이도 바로 그다. 그런데 그의 성씨인 오라녜는 오랑주의 네덜란드식 발음이다. 오랑주는 오렌지가 유명한 프랑스 남부 마을을 의미하고.

빌렘 1세는 바로 이 오라녜 공의 지위를 상속받은 사람이었다. 그리고 오라녜 가문은 오렌지색을 가문의 상징으로 사용했다. 이런 이유로 빌렘 1세가 이끌던 전투에는 오렌지색 깃발이 휘날리곤 했다. 네덜란드는 지금도 국가를 대표하는 색으로 오렌지색을 사용하고 있다. 네덜란드 축구대표팀의 별명도 '오라녜'이며 우리의 붉은 악마와 같은 네덜란드 축구 응원단 복장의 색도 오렌지색이다.

독립을 이룬 네덜란드는 종교적인 자유로움을 바탕으로 막대한 부를 축적했다. 그리고 그 부를 바탕으로 육종기술 선진국이 됐다. 튤립 품종을 개량해 다양한 꽃을 만든 것도, 야생 딸기를 계량해 지금의 딸기를 만들어낸 것도 네덜란드다. 당근도 이러한 기술력을 바탕으로 세상에 나왔다. 하지만 만약 오랑주의 특산품이 오렌지가 아니었다면, 오라녜 가문의 색이 오렌지색이 아니었다면 오늘날 당근은 주황색이 아닌 다른 색이었을지도 모른다.

네덜란드 독립전쟁, 그 원인과 서막

1568년 5월 23일, 에스파냐령 네덜란드 북부 흐로닝언의 헤일리헤를레이에서 에스파냐 총독 알바 공작의 철권통치에 반대해온 저항세력이 군사행동에 나섰다. 저항군은 보병 3,900명과 기병 200명으로 구성되었고, 에스파냐 보병 3,200명과 기병 20명을 단번에 쓸어버렸다. 이 날 승리를 거둔 저항군은 에스파냐의 압제를 피해 독일 지역으로 망명했던 오렌지공 윌리엄이 모은 침공부대의 일부였다.

에스파냐는 주둔 병력의 3분의 2나 잃었지만 심각하게 생각하지 않았다. 당시 에스파냐는 전 세계에 걸친 광대한 영토를 지배하는 제국이었으니까. 오늘날 기준으로 오스트리아와 포르투갈, 이탈리아 남부와 네덜란드·벨기에·룩셈부르크, 프랑스 서남부는 물론이고 브라질을 제외한 중남미 전체와 필리핀까지가 그들의 영토였다.

그런데 그들은 왜 세계 최강인 에스파냐에 반기를 들었을까? 문제는 수차례의 정략결혼 끝에 네덜란드와 벨기에 지역을 차지하게 된 에스파냐의 합스부르크 왕가의 실정에 있었다.

첫째는 종교였다. 에스파냐가 전통적으로 강력한 가톨릭 국가였던 것에 비해 무역상들이 대부분이던 이 지역은 종교개혁의 영향으로 신교도가 대부분이었다. 그런데 신교도들은 우상파괴를 외치며 안트베르펜을 비롯한 인근 대성당을 점령하고 파괴를 일삼았다. 이에 에스파냐는 이들을 제압하고 신교의 확장을 막고자 군대를 파견했다.

디르크 반 델렌의 '우상파괴자들'(1630)

둘째는 중과세였다. 애초에 세율은 100분의 1이었다. 그러나 영토가 광대한 만큼 세계 곳곳에서 벌어지는 전쟁의 당사자가 될 수밖에 없었던 에스파냐로서는 막대한 전쟁비용이 필요했고, 그 자금을 식민지역의 세목을 늘리고 세율을 올림으로써 조달했다. 세율이 10분의 1까지 높아졌을 때는 신교도들뿐 아니라 가톨릭교도들까지 저항세력에 합류했다.

셋째는 식민지역에 주둔하고 있던 에스파냐 군대였다. 오스만튀르크는 물론 프랑스와 경쟁하던 에스파냐로서는 신대륙에서 쏟아져 들어오는 은으로도 군사비를 감당하기 어려웠기 때문에 식민지역의 주둔군까지 챙길 여력이 없었다. 결국 주둔군의 봉급이 끊겼고, 굶주린 주둔군은 안트베르펜 약탈에 나섰다. 1576년 11월, 유럽에서 가장 부유한 도시였던 안트베르펜은 이들의

에스파냐 군대의 오스탕드 포위를 소재로 한 피테르 스나예르스의 '포위된 오스탕드'(17세기)

약탈에 속수무책이었다. 무고한 시민 8,000여 명이 생을 달리했을 정도였다.
이런 상황에서 1568년 5월 23일, 헤일리헤를레이 전투가 일어났다. 네덜란드 독립전쟁이 시작된 것이다. 네덜란드 독립전쟁은 80년이나 이어졌다. 이후 네덜란드 독립군의 대오는 분리되어 북부의 7개주만의 전쟁이 되기는 했지만, 결국 1648년 30년전쟁을 마무리하기 위한 베스트팔렌조약에 따라 마침내 독립국가로서 인정받았다. 그리고 다시 남부와 합병되면서 완전한 독립을 이룬다. 물론 나중에 남부의 10개주가 벨기에로 독립하기는 했지만….
아무튼 무적함대를 이끌고 세계의 바다를 호령하던 에스파냐는 칼레 해전에서의 패배로 영국에 무릎을 꿇은 것에 이어 네덜란드 지역까지 잃으면서 완전히 체면을 구기고 말았다. 반면 네덜란드는 독립전쟁 중에도 영국의 도움을 받아 대외무역으로 황금기를 이어나갔다.

네덜란드 남부가 에스파냐에 항복한 것을 소재로 한
디에고 벨라스케스의 '브레다의 항복'(1635)

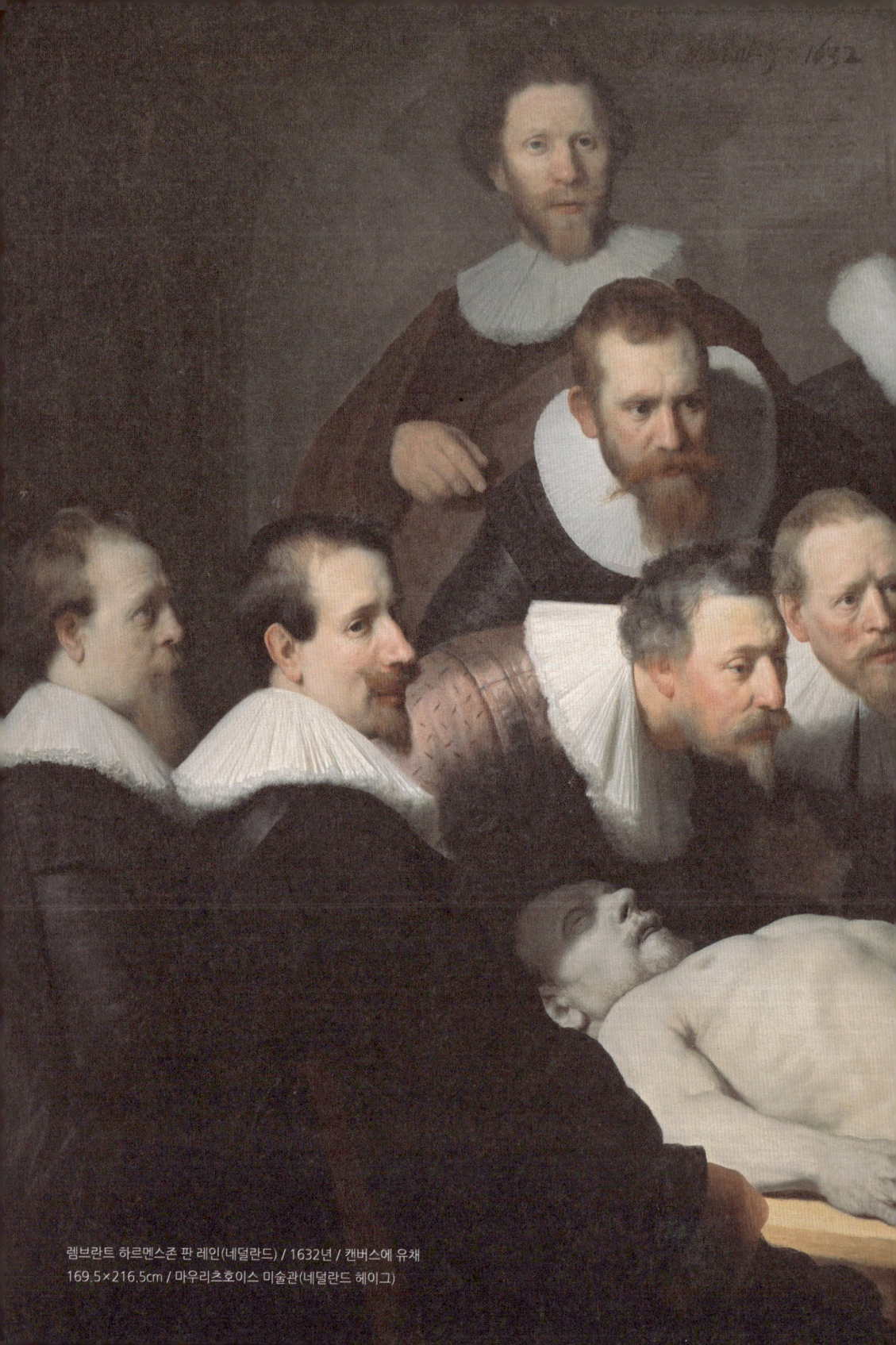

렘브란트 하르먼스존 판 레인(네덜란드) / 1632년 / 캔버스에 유채
169.5×216.5cm / 마우리츠호이스 미술관(네덜란드 헤이그)

시선으로 시선을 잡다

– 니콜라스 튈러프 박사의 해부학 강의 De Anatomische les van Dr. Nicolaes Tulp

일단 선입견도 지식도 없이 그림만 보자. 누가 봐도 주인공은 중앙에 멋스런 큰 모자를 쓰고 있는 사람이겠다. 거들먹거리는 것처럼도 보이고, 으스대는 것처럼도 보인다. 권위로 어깨에 잔뜩 힘이 들어가 있는 것 같기도 하다. 주위의 사내들은 주인공과 달리 호기심 가득한 몸짓으로 머리를 잔뜩 들이밀고 있다. 그들의 시선은 검은 계열로 가득한 그림 전체의 색깔과는 대조적으로 밝다 못해 차가워 보이는 누군가의 벗은 몸을 향해 있다. 사체다. 그리고 가위, 찢어진 신체, 붉은 피…, 이쯤이면 짐작도 가능하다. 누군가의 사체를 해부하고 있고, 그것을 설명하고 있는 상황이라는 것을 말이다.

르네상스에서 비롯된 과학의학의 시작

르네상스를 통한 문화의 부흥은 16세기와 17세기를 거치며 과학혁명으로 그 영광을 이어갔다. 지동설을 부르짖은 코페르니쿠스와 갈릴레이의 천문학에서 시작된 과학적 접근은 과학혁명을 낳았고, 이러한 사회 분위기는 의학에도 반영되었다. 이전에 종교에 의존했던 의학이 과학으로 그 근간을 바꾼 것이다. 그러니 신체구조에 대한 관심이 커진 것도 당연한 일이다. 이것이 바로 17세기 유럽에서 해부학이 각광받기 시작한 이유다. 조금 더 구체적으로 말하자면 베살리우스라는 유명 외과의사가 손의 근육과 힘줄의 해부를 최초로 성공하면서부터다.

1600년대 중반 네덜란드에도 해부학 강의로 명성이 대단했던 사람이 있었다. 바로 1628년 암스테르담 '외과의사 길드'가 '해부 강연자'로 지명한 니콜라스 튈러프였다. 해부 강연자는 시에서 공식적으로 지정한 직책인데, 의사를 포함한 대중을 상대로 강의를 할 수 있는 사람이었으니 지금으로 치면 교수쯤 되겠다. 그런데 당시 암스테르담에서는 매 겨울마다 공개 해부학 강의가 있었고, 그 강의는 그 해부 강연자만이 할 수 있었다. 게다가 교양인이라면 적어도 인간의 몸이 어떻게 생겨 먹었는지는 알아야 한다고 생각하는 사람들이 많았다.

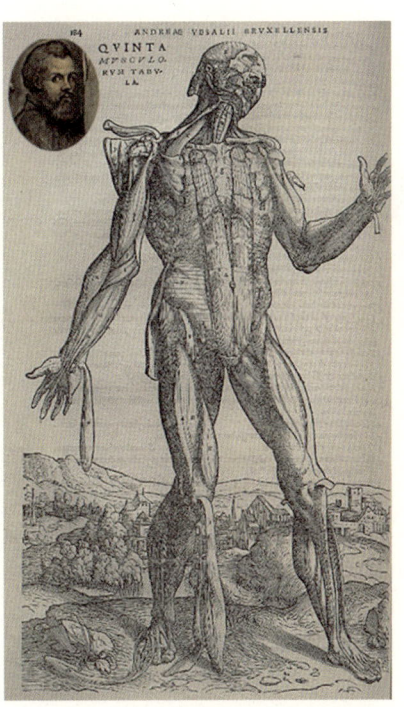

베살리우스의 인체 근육 해부도

이들은 해부학 강의가 있는 겨울을 손꼽아 기다렸고, 거액의 입장료를 주저 없이 지불했으며, 멋진 옷을 차려 입고 강연장을 찾았다. 이쯤 되니 해부 강연자라는 직책이 의사라고 해서, 손에 칼이나 만져봤음 직하다고 해서 차지할 수 있는 그저 그런 자리가 아니었겠다. 튈러프가 '암스테르담의 베살리우스'로 불린 것이 헛소문이 아니었다는 의미도 되지 않을까 싶다. 실제로 튈러프는 레이던에서 의학을 공부하고 암스테르담으로 돌아온, 꽤 잘나가는 의사였다고 한다.

집단초상화의 틀을 깨다

튈러프가 공개 해부학 강의를 한 것은 1631년의 일이었다. 그리고 그의 두 번째 강의가 이 그림의 소재가 되었다. 그때 렘브란트는 일을 시작한 지 얼마 안 된 무명의 화가였다. 어느 날 렘브란트는 암스테르담 외과의사 길드로부터 집단초상화를 그려달라는 주문을 받는다. 집단초상화는 17세기 네덜란드에서 유행하던 장르였다. 종교개혁의 영향으로 종교화나 서사화보다는 저택에 걸어둘 수 있는 크기의 정물화와 초상화가 많은 인기를 끌고 있었는데, 그중에서도 오늘날의 단체사진처럼, 특정 길드나 단체의 구성원들을 모두 화폭에 담는 집단초상화가 큰 인기를 끌었다. 개인초상화는 너무 비싼 탓에 일종의 공동구매처럼 집단초상화가 유행했다는 이야기도 있지만, 상업자본가들이 자신의 지위를 과시하는 한 가지 수단으로 선호했다는 것만은 확실하다.

하지만 집단초상화는 아무래도 인물 묘사에 주력할 수밖에 없고, 그러다 보면 구도가 딱딱해질 수밖에 없다. 여러 사람들이 어색한 포즈를 취하고 있거나 돋보이기 위해 무리하게 얼굴을 내밀고 있는 그림들이 많은 이유다. 하지만 렘브란트는 인물과 구도라는 두 마리 토끼를 잡고 싶었다. 작품 속에 등장하는 일곱 인물들의 얼굴을 모두 생생하게 그려냄과 동시에 전체적으로 균형 잡힌 구도까지 놓치고 싶지 않았던 것이다.

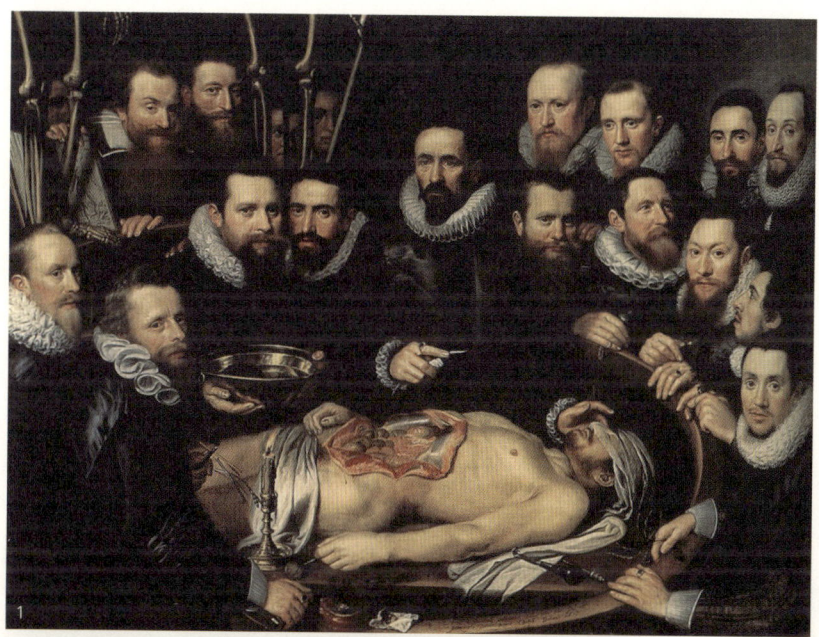

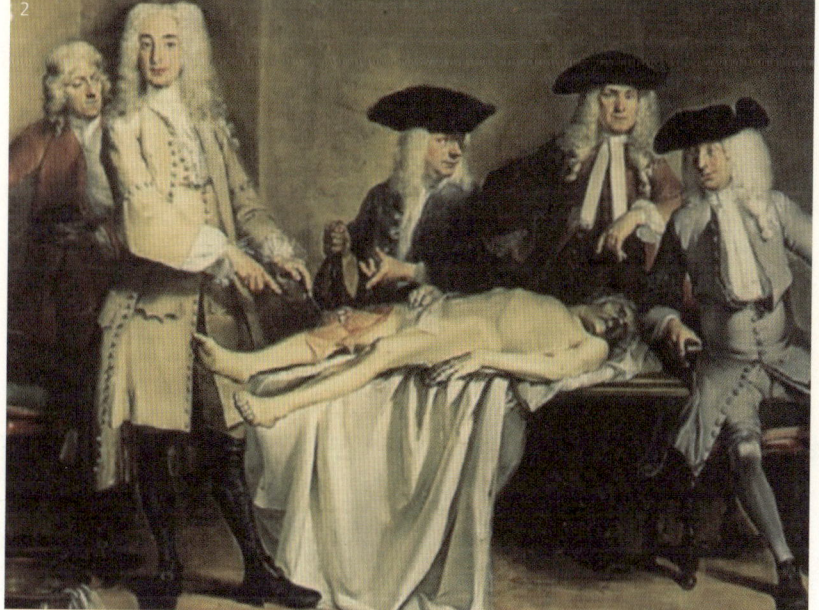

1 미레벨트 부자의 '판 데르 메르 교수의 해부학 강의'(1632)
2 코르넬리스 트로스트의 '윌렘 로엘 교수의 해부학 강의'(1728)

시선으로 시선을 사로잡다

중앙의 튈러프는 다른 사람들과 달리 커다란 모자를 쓰고 의자에 앉아 있다. 사체 발아래에는 책을 세워놓아 권위를 드러냈다. 튈러프와 사체를 향한 시선들의 주인공들도 일반적인 초상화와 달리 저마다 표정이 다르고 동작도 다르다. 호기심을 주체하지 못하는 사람도 있고, 점잖게 구경하고 있는 사람도 있다. 그런데 렘브란트는 그것만으로는 만족할 수 없었다. 화폭 속은 그들만의 세계였기 때문이었다. 그래서 화폭 가장 위에 한 사람을 그려 넣었다. 그리고 시선을 화면 밖 실제 세상의 우리를 향하게 했다. 그림 밖에서 관람하고 있는 우리와 눈길을 교환하기 위함이었다. 다분히 의도적으로 관람자를 자연스럽게 그림 속 사건에 참여하게 한 것이다.

또 사실 그대로의 장면을 생생히 묘사하면서도 명암의 대조를 이용해 극적인 효과를 노렸다. 벽에 붙어 있는 외과의사 길드의 규정을 적어놓은 게시물이 어둠에 묻혀 아스라한 것에 반해 사체는 강한 빛을 발산한다. 살아 있을 때 그는 부랑자였고 범죄자였다. 이름은 아드리안, 41세, 레이던 출신. 그는 연쇄 노상강도죄로 사형선고를 받았고, 교수형에 처해진 바로 다음 날 저 차가운 테이블 위에 눕게 된 것이었다. 과학이 발전하고 종교가 그 힘을 잃었다고는 해도 당시에 의학의 발전을 위해, 더구나 자진해서 자신의 몸을 해부용으로 기증할 리는 없었다. 그런 문화도 없었고. 결국 해부학 강좌에 사용될 실습용 사체는 연고가 없거나 교수형을 당한 시신을 썼다.

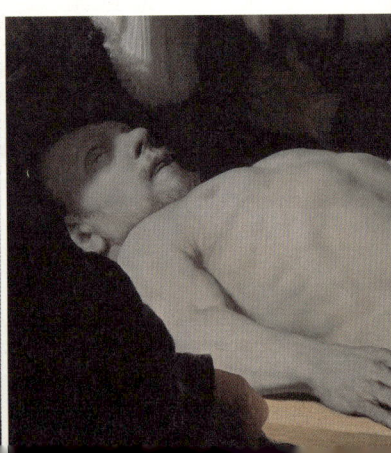

반드시 해부용 사체는 남성이어야 한다는 조건도 있었지만. 아무튼 사체는 교수형을 당한 범죄자다. 범죄와 죽음의 도덕적 연결고리를 표현하는 강력한 소재일 수 있었다. 렘브란트도 범죄와 도덕이 충돌하는 현장을 재현하고자 했다. 그 어둠 속에서의 강력한 빛으로 말이다.

현실과 상상의 혼재

렘브란트는 튈러프의 두 번째 해부학 강의가 있던 그 시간, 그 장소에 화면에 등장하지 않는 다른 구경꾼들과 함께 있었다. 그런데 그의 관심은 혈관과 뼈를 속절없이 드러낸 아드리안의 팔 따위가 아니었다. 그가 주목한 건 사체를 향한 사람들의 시선이었다. 한쪽으로 쏠린 그들의 시선에서 집중력을 발견했고, 숨을 멈춘 듯 정지되어 있는 그들의 몸에서 긴장감을 느꼈다. 그는 그 집중력과 긴장감을 사실 그대로 화폭으로 옮겼다.

하지만 이상하다. 당시 해부학 강의에서 제일 먼저 하는 것은 배를 여는 것이었다. 이전에는 절대 볼 수 없었던 인간 뱃속이 해부학 강의의 핵심이자 가장 큰 관심거리였기 때문이다. 그런 다음 팔과 다리로 이동했다. 그런데 그림 속 사체의 배는 칼자국 하나 없이 깨끗하고 매끈하다. 대신 마지막에 나 해야 하는 팔과 손은 피부 속 근육 하나하나까지 생생하게 드러나 있다. 이것에 대해 렘브란트는 어떤 해명도 하지 않았다. 다만, 사람들은 말한다. 베살리우스를 오마주했다고. 이렇게도 말한다. 작품의 구도에서 사체의 배가 개복되어 있었더라면 난잡한 인상을 주었을 거라고. 렘브란트가 주목했던 사람들에게 시선이 가지 않고 사체의 배에 시선이 간다는 것이다. 그럴 법도 하다. 렘브란트의 의도가 무엇이었든 확실히 사체보다는 사람들에게 관심이 가니 말이다.

17세기 네덜란드의 초상

'니콜라스 튈러프 박사의 해부학 강의'는 햇병아리 무명화가를 일약 유명인사로 만들어놓았다. 이 작품이 좋은 평을 받으면서 암스테르담의 각종 길드에서 집단초상화를 주문해왔던 것이다. 암스테르담 민병대원들도, 포목상인들도 자신들의 그림을 주문했다. 그렇게 해서 탄생한 그림이 저 유명한 '야경꾼'이고, '포목 검수인들'이다.

렘브란트로서는 그저 주문받은 대로 그림을 그린 것인지도 모른다. 하지만 수백 년이 지난 오늘날 우리는 그의 그림을 통해 17세기 네덜란드의 문화와 사람들을 만나고 있다.

1 '야경꾼'(1642)
2 '포목 검수인들'(1662)

1부 그림으로 읽는 역사

호사가들의 겨울 이벤트, 해부학 강의

오늘날 암스테르담에서 홍등가를 지나 차이나타운으로 가는 길에 있는 니우마르크트(Nieuwmarkt)에는 지금은 카페로 사용되고 있는 계량소 건물이 있다. 17세기 암스테르담 외과의사 길드의 사무실이 있던 곳이다. 과거 이곳에는 큰 극장이 있었다. 그 중앙의 원형에는 사람 하나가 누울 만한 테이블이 놓여 있고, 이것을 중심으로 빙 둘러서 계단식 관람석이 있었다. 바로 해부학 강의가 있었던 해부학 극장이다.

오늘날 카페로 사용되고 있는 암스테르담 외과의사 길드 건물

17세기의 해부학 강의는 오락거리이자 관심거리로서의 목적이 크기는 했지만 인체의 신비를 대중에게 강연하고 교화시키기 위해, 의대 학생들을 위한 홍보용으로, 그리고 의사들의 사회적 지위와 역할을 강조하기 위해 시연되었다. 그리고 공개 해부를 기념한다는 목적으로 해부 시연과정을 담은 그림을 주문 제작했다.

한 가지 재미있는 것이 있다. 해부학 강의는 길어야 2~3일이었지만 정작 그림은 2~3년이나 걸렸다는 것이다.

17세기 네덜란드 레이던 대학의 해부학 극장

1601년에 의뢰받은 아르트 피에테르츠의 '세바스티안 에그베르츠 박사의 해부학 강의'는 완성되기까지의 2년 동안 화면 속 외과의사 29명 중 5명이 사망했을 정도다.

아르트 피에테르츠의 '세바스티안 에그베르츠 박사의 해부학 강의'(1603)

그럼 왜 겨울에만 이런 해부학 강의가 있었던 것일까? 이유는 간단하다. 냉동시설이 완비되어 있지 않았기 때문에 겨울이 아니라면 시신의 부패와 그로 인한 악취를 감당하기 어려웠던 것이다.

기억해두면 쓸!데 있을걸 갈릴레이의 죄목은 이단?

카네기 박물관 앞 갈릴레이 동상, 미국 피츠버그

천만에!
태양계의 모든 것들이 하나님이 창조하신 지구를 중심으로 돌고 있다는 주장을 펴고 있던 교회에게 있어 코페르니쿠스의 지동설은 교회의 근간을 흔드는 이단적 주장이었다. 따라서 이를 지지한 갈릴레이도 종교재판에 회부되었다.
그러나 갈릴레이는 감옥에 감금되지도 않았고, 고문도 받지 않았다. 또한 재판이 끝난 후 곧바로 로마를 떠났을 정도로 구속도 받지 않았다. 코페르니쿠스를 지지했던 철학자 조르다노 브루노가 화형을 당한 것을 생각하면 엄청난 차별이다. 이유는?
결론부터 말하면 그 둘의 죄목이 달랐기 때문이다. 조르다노 브루노의 죄목은 '이단'이었고, 갈릴레이의 죄목은 '교회 불복종'이었던 것이다. 당시 이단으로 지목되면 재판에서 살아남기가 어려웠다. 각종 고문으로 자백을 받아내는 것이 관례였기 때문이다.
하지만 갈릴레이를 이단으로 몰아 죽여버리기에는 교회가 갈릴레이의 천재성을 아꼈고, 사랑했다. 그렇다고 무죄로 해줄 수는 없었다. 어쨌거나 교회의 근간을 흔드는 주장을 했으니까. 교회는 고심했다. 그리고 한 가지 묘안을 생각해냈다. '교회 불복종'이 그것이었다. 그리고 갈릴레이를 회유했다. 고집을 꺾고 잘못을 인정하라고.

걸핏하면 마법사나 마녀가 되어 죽음을 당하던 시절, 갈릴레이가 살아 돌아올 수 있었던 것은 그의 재능을 사랑한 교회의 자비(?)와 학자로서의 자존심을 버린 갈릴레이의 굴복 덕분이었다. 그리고 그 덕분에 레오나르도 다 빈치에서 이어지는 르네상스의 과학과 과학의학이 그 맥을 이을 수 있었고, 또 그 덕분에 17세기의 해부학 강의도 있을 수 있었다.

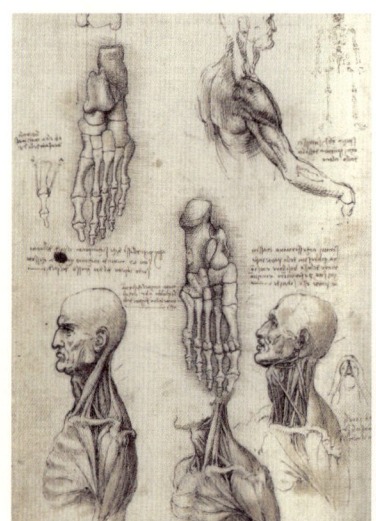
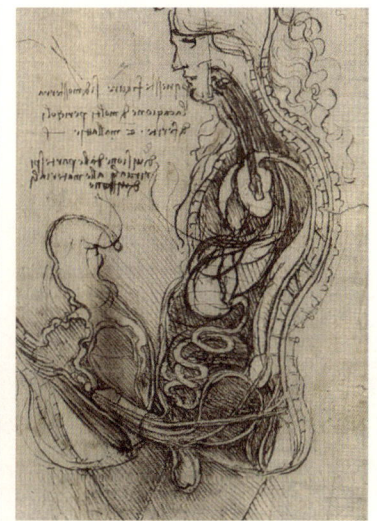
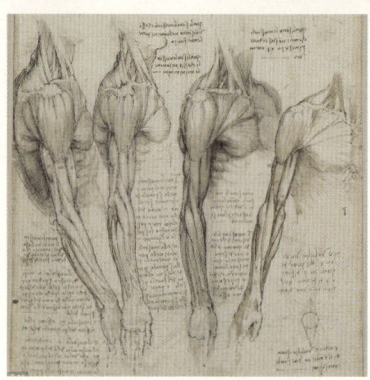

레오나르도 다 빈치의 인체 해부도

무언가를 짓고자 하는 인간의 의지는
안락한 은신처를 찾는 자연스럽고도 근본적인 욕구에 따른다.
그렇기에 건축은 태초부터 현재까지
인간의 삶 속에 항상 존재해왔다.
문명을 발달시켜온 과정, 사회구조의 변화, 권력의 형성 과정 등이
건물을 통해 드러난다.
건물이 품은 시(時)·공(空)간, 그리고 그 안에서 펼쳐졌던 사건들을 이해한다면
살아 있는 역사를 마주할 수 있다.

- 소재지 / 건축시기
- 설계·건축가
- 왕조 및 국가

2부
건축으로
읽는 역사

건축은
역사의 부분이고 과정이며 미래다

신에게 바치는 거룩한 지혜

– 아야소피아 대성당 Ayasofya Camii

2부 건축으로 읽는 역사

이스탄불 신시가지에서 낚시꾼이 즐비한 갈라타 다리를 건너 구시가지로 넘어와 보자. 이스탄불을 끼고도는 해협 골든 혼에 진한 감동을 느끼기도 잠깐 문득 고개를 드는 순간 저 멀리에 시선을 사로잡는 웅장한 돔 지붕을 발견한다. 537년 유스티니아누스 황제 시절 궁정 시인 파울로스 실렌티아리우스는 이런 찬사를 보냈다.

칼부림 소리에도, 남과 서에서의 승전에도,
심지어는 피로 뒤범벅된 패배한 폭군들의 전리품에도
나는 찬가를 부르고 싶은 마음이 전혀 들지 않는다.
나는 영광의 광휘에 휩싸여
전쟁의 모든 위업과 모든 궁전을 무색케 하는
경이로운 신전 아야소피아에게 찬가를 바치려고 한다.
아야소피아는 스스로 빛을 낸다.
자신의 중심으로부터
신적인 지혜의 태양으로부터 빛을 낸다.

바로 우리에게 성 소피아 성당으로 잘 알려져 있는 아야소피아 대성당이다.

터키 이스탄불 / 532~537년
밀레투스의 이시도루스, 트랄레스의 안테미우스
유스티니아누스 1세 / 동로마제국

천년의 풍파를 온몸으로 견디다

아야소피아 대성당은 파란만장한 역사를 지니고 있다. 그 시작은 330년 로마의 황제 콘스탄티누스 1세(Constantinus I, 274~337) 때로 거슬러 올라간다. 326년 로마제국의 수도로서의 콘스탄티노플을 건설한 콘스탄티누스 1세는 황제의 권위를 보여주기 위해 궁전과 전차 경기장을 건설했다. 그리고 그 옆에 나무 지붕을 한 작은 교회를 짓게 했다. 하지만 404년 로마제국의 아르카디우스(Arcadius, 377~408) 황제 때 화재로 소실되었고, 테오도시우스 2세(Theodosius II, 401~450) 때 재건되었지만 또다시 파괴되고 만다. 바로 유스티니아누스 1세 때 일어난 '니카 반란' 때문이었다.

고대 로마에서는 말 네 마리가 끄는 전차경주가 상당히 인기를 끌었다. 제국 전역에 히포드롬이라고 부르는 원형경기장이 있었을 정도다. 원래 전차 경주는 4개의 팀이 경쟁을 했고 적색·청색·녹색·백색의 의상으로 구분했는데, 수도를 콘스탄티노플로 옮기면서 2개 팀으로 줄어 녹색과 청색만 남게 되었고 이들은 정당처럼 정치세력화되었다.

그런데 청색당을 지지하는 세력은 정통 기독교인들이 대부분이었다. 대지주와 귀족들의 후원을 받았기 때문이었다. 반면 녹색당은 상인, 기술자 등 중간계층이 주로 후원한 탓에 종교적으로는 예수에게 인격을 부여하는 단성론에 가까웠다. 이렇게 극명하게 성격이 갈리자 이들은 각각 조직을 이루고 지도자를 선출했다. 이들의 충돌은 불 보듯 뻔한 일이 되었다. 결국 아나스타시우스 1세 때인 493년·501년·511년에 크게 충돌했고, 특히 511년에는 황제가 황제의 자리를 걸고 직접 폭동을 해결해야 할 정도로 심각했다.

"니카! 니카!"

그런 때에 유스티누스 1세의 뒤를 이어 그의 조카인 유스티니아누스 1세가 청색당의 지지를 등에 업고 즉위했다. 즉위 초기 황제가 녹색당을 억압하고 청색당을 지지한 것은 너무도 당연했다. 하지만 지위가 공고해지자 황제는 청색당도 배척하기 시작했다. 여기에 관리들의 부정과 부패까지 이어지자 황제에 대한 시민들의 불만이 점차 팽배해졌다.

532년 1월 10일, 콘스탄티노플의 히포드롬에서 전차경주가 열렸다. 그 과정에서 청색당과 녹색당이 서로 충돌하고 만다. 황제는 즉각 군대를 투입해 양당의 지도자를 처형함으로써 시민들을 진압해버렸다. 그런데 이것이 시작이었다. 사흘 뒤 다시 열린 전차경주에서 성난 양 세력은 서로 힘을 합쳐 황제를 향해 승리를 의미하는 "니카!"를 외쳤다. 서로에 대한 분노가 황제에게로 향한 것이었다. 황제는 위험을 직감하고 피신했다. 그러자 시민들은 경기장을 뛰쳐나와 감옥을 부수고 궁전으로까지 쳐들어갔으며 관리들의 집에 무차별로 불을 질렀다. 콘스탄티노플은 일순간에 불바다가 되었다. 저택들이 탔고, 원로원 의사당이 탔고, 황궁이 탔다. 그리고 아야소피아도 타버렸다. 반란은 황제의 명을 받은 벨리사리우스와 그의 군대에 의해 끝이 났지만, 콘스탄티노플은 이미 학살된 3만 명에 이르는 시민들의 시신과 찬란한 문명의 잿더미로 가득한 뒤였다.

유스티니아누스 1세((Justinianus I, 재위 527~565), 이탈리아 라벤나의 산비탈레 성당

천사가 전해준 설계도

유스티니아누스 1세는 곧바로 아야소피아의 재건을 명했다. 황제의 권력을 표출하기 위해 제국에서 가장 아름다운 교회를 건축하라고 덧붙였다. 다른 곳에서는 볼 수 없는 신성한 공간이자 비잔티움의 종교의식과 아울러 중요한 국가행사를 성대하게 치를 수 있는 건축물을 만들라는 것이었다. 그리고 건축가 안테미우스와 이시도루스를 그 책임자로 임명했다. 그들은 직감했다. 새 교회는 이전까지와는 다른 새로운 양식의 교회가 될 것이라는 것을 말이다. '천사가 내려와 설계도를 황제에게 주었다'는 전설이 만들어졌을 만큼 교회의 구조는 혁명적이었다.

그해 12월 27일에 준공되었다. 그리고 그렇게 6년, 537년에 아야소피아는 지름 33미터와 높이 56미터의 거대한 돔을 머리에 인 지금의 웅대한 모습으로 다시 태어났다. 당시부터 기독교 세계의 건축이 쇠퇴했다는 주장을 무색하게 하는 위용이다. 그 후로 1,000년 동안이나 세계 최대의 크기를 자랑했던 돔형 건물이라는 명성도 이해가 된다. 그 거대한 돔을 보고 있노라면 내부는 얼마나 대단할까, 하는 상상이 절로 될 정도다.

비잔틴 예술의 총화

동로마제국의 산물이라는 사전 지식이 없더라도 모자이크와 대리석으로 화려하게 장식된 내부를 보면 그 정체성에 의심이 든다. 실제로 그리스 고전의 전통 위에 기독교적인 요소가 가미되어 있기 때문이다. 유럽을 넘어 아시아까지 넘보던 로마제국이 395년 동로마와 서로마로 분리되고, 서로마가 476년 멸망한 후에도 동로마는 로마의 권위와 문화를 유지해갔다. 무려 1,000년 동안이나….

이 시절 로마제국의 문화는 온전한 로마제국의 그것과는 다를 수밖에 없었다. 일단 황제의 권력과 콘스탄티노플의 종교적 정치력이 결탁되어 있었기 때문이다. 황제는 교회를 통제·보호하고, 교회는 제국의 안정에 기여했던 것이다. 여기에 이탈리아반도에서 펠로폰네소스해협을 건너 지금의 터키까지 이동해 오는 동안 그리스의 고전문화를 흡수했다. 결국 기독교적 요소와 그리스의 전통이 융합되어 새로운 문화예술을 꽃피웠다. 바로 '비잔틴 문화'다.

건축도 예외는 아니었다. 직선적 배치는 강화되었고 원형적 배치는 거대해졌다. 그리고 기독교 사회의 통일과 결집은 천상의 돔으로 구현되었다. 이 거대한 중앙 돔을 중심으로 연결된 여러 개의 작은 돔과 아치형 기둥이 연출하는 조화는 어떤 건축물과도 비교할 수 없을 정도로 아름답다. 규모로야 바티칸시국의 성 베드로 대성당에 비할 수는 없지만 1,000년이나 앞서 세워진 것을 생각하면 혀를 내두를 만하다.

돔, 솔로몬을 능가하다

아야소피아의 내부는 노란색 바탕 위에 그려진 세련된 천장화와 벽화, 벽과 기둥을 장식한 섬세한 조각들로 가득하다. 교회라고 해서 모든 벽화와 조각이 종교적인 것만은 아니다. 그 시대 사람들이 사랑한 꽃도 있고, 다양한 문양도 있다. 비잔틴 예술의 특징인 화려함을 잘 드러낸 모자이크도 놓칠 수 없다.

하지만 아야소피아의 가장 놀랍고도 독특한 특징은 '돔'이다. 《카이사르의 연대기》의 작가 프로코피우스는 아야소피아의 돔이 다음과 같은 목적이 실현되도록 설계되었다고 전한다.

　공중에 매달려 있는 것처럼 보이도록!

이 때문에 아야소피아의 설계는 건축과정에서 몇 차례나 변경되어야 했다. 건축가들조차 유스티니아누스 1세에게 "이것이 과연 지탱이 될지 의문"이라고 간언했다. 하지만 유스티니아누스 1세는 꿈쩍도 하지 않았다. 신앙에서 나온 용기였는지 건축에 대한 통찰력이었는지는 알 수 없다. 하지만 그의 고집에 공사는 애초의 공상대로 진행되었고, 결국 황제의 공상은 현실이 되었다. 중앙 돔 아래 40개에 이른 채광창을 통해 쏟아져 들어온 빛이 흩어지면서 마치 돔이 공중에 떠 있는 것처럼 보이게 만든 것이다. 완공 후 유스티니아누스 1세는 그 경이로움을 이런 말로 대신했다.

오, 솔로몬이여! 내가 그대를 능가했노라!

내란과 종교 분규의 과녁

지금의 아야소피아는 교회로서의 지위를 잃은 박물관이다. 아야소피아는 본래 정교회 성당으로 지어졌다. 하지만 그것은 어디까지나 로마제국이 콘스탄티노플을 지배하고 있을 때의 얘기다. 1453년 동로마제국의 콘스탄티노플은 오스만제국에 의해 함락된 후 오스만제국의 수도가 되고 만다. 지금도 그렇지만 사람들은 내가 믿지 않는 종교에 배타적이다. 그때도 그랬다. 이슬람교의 오스만제국은 정교회의 성당을 가만히 두지 않았다. 성당을 이슬람사원 모스크로 바꿔버렸다. 내부를 장식하고 있는 기독교의 인물들도 내버려둘 수 없었다. 그래서 벽화마다 회벽칠을 해버렸고 벽과 기둥에는 코란을 새겨 넣었다.

예술은, 나아가 문화는 종교적으로나 정치적으로 과녁이 된다. 일제강점기 일제도 우리의 문화유산인 창경궁을 동물원으로 그 격을 추락시켰고, 왕조의 핵심인 정궁 경복궁의 전각을 허물고 그 자리에 조선총독부를 세웠다. 심지어 우리글과 우리말을 말살하려고 했다. 아야소피아가 그랬다. 새로운 지배자 입장에서 아야소피아의 존재는 과거의 왕조와 과거의 국가를 의미했다. 아야소피아는 동로마 제국의 종교적 구심점이었을 뿐 아니라 국가의 공식행사가 거행되었던 정치적 공간이었으니까. 오스만제국은 성당을 모스크로 만들어버림으로써 이전 국가의 존재를 지워버리려 했던 것이다.

현대에 와서 터키공화정이 수립되자 많은 유럽 나라들이 정교회로서의 본래 지위를 되찾게 해달라고 요구했다. 하지만 터키는 이슬람교가 국교다. 또한 인구의 90%가 이슬람교도다. 쉽지 않은 선택이었다. 결국 터키 정부는 정교회와 이슬람교 모두의 사용을 금지, 종교의 중립화를 선언해버렸다. 그리고 박물관이자 미술관으로의 사용을 확정지었다.

종교를 초월한 아름다움

그러나 아야소피아는 여전히 아름답다. 주인이 바뀌고 나라가 바뀌고 종교까지 바뀌었지만, 이제는 그 종교적 지위마저 상실하고 말았지만 여전히 가슴이 뜨거워질 정도로 눈부시다. 기독교식 천장화가 그렇고, 벽에 새겨진 이슬람교식 코란 글씨 조각과 꽃 문양이 그렇다. 많은 사람들이 말한다. 한 종교에 의한 역사를 가진 성소보다 가슴이 뛴다고 말이다. 서로 다른 문화와 종교가 한 장소에서 조화를 이루고 있기 때문일지도, 아니면 고스란히 드러나는 찬란했던 영광과 아픈 시련을 견뎌낸 처연함과 의연함 때문일지도 모르겠다.

역사는 여전히 흐르고 있다. 아야소피아의 지위가 또다시 바뀔 수도 있다. 하지만 종교가 기독교이든 이슬람교이든 상관없이 모두에게 성소로 여겨지고 있고, 앞으로도 그럴 것이라는 점만은 변하지 않을 듯하다.

분노한 시민의 저항 위에 세워진 피의 아야소피아

유스티니아누스는 로마제국의 황제들 중 가장 유능하고 위대한 황제였다는 평을 받는다. 신분이 아닌 능력으로 인재를 선발해 귀족 세력의 부패를 일소했고, 벨리사리우스 등 우수한 장군을 등용해 과거 카이사르 시절의 영광을 재현해줄 만큼의 영토를 되찾았으며, 세 차례에 걸쳐 로마법을 집대성했다. 또한 교회의 교리와 이론을 정리하기도 했다. 때문에 교회에 대한 열정과 헌신으로 동방정교회로부터 성인의 칭호와 함께 '대제(大帝)'라는 칭호까지 받았다.

역사는 그의 재위를 38년이라고 기록하고 있다. 그런데 자칫했으면 5년 만에 끝날 수도 있었다. 그의 아내 테오도라 황후가 없었다면 말이다.

테오도라 황후는 귀족도, 심지어 평민도 아니었다. 전차경기장인 히포드롬에서 춤을 추는 무희였다. 천민이었던 것이다. 창녀였다는 이야기도 있다. 아무튼 애초에 황후가 될 수 없는 신분이었던 것만은 확실하다. 반면 아직 황제이기 전이기는 했지만 유스티니아누스는 어쨌든 귀족이었다. 당시 로마법은 귀족과 천민의 결혼을 금지하고 있었음에도 유스티니아누스는 삼촌인 황제를 졸라 법을 개정해가면서까지 테오도라와 결혼을 성사시켰다. 2년 뒤인 527년, 유스티니아누스는 황제가 되었고, 그의 곁에는 황후로서의 테오도라가 있었다.

황제가 된 지 5년, 큰일이 일어났다. 바로 니카 반란이다. 그때 콘스탄티노플은 지진으로 인한 피해, 막대한 세금, 관리들의 부정부패로 허덕이고 있었다. 그리고 이면에는 사사건건 부딪치는 녹색당과 청색당이 있었다.

첫 충돌이 있은 지 사흘 뒤, 유스티니아누스는 "니카!"를 외치는 군중들의 통해 위험을 직감, 콘스탄티노플을 버리고 도망가고자 했다. 그때 그를 향한 일침이 있었다.

황제여, 도망가기로 마음먹었다면
금은보화와 배가 있으니 어렵지 않으리오.
하지만 생명에 연연하면 필연코
불명예스러운 죽음을 맞으리다.

귀족들도 하지 못한 일침의 주인공은 바로 테오도라 황후였다.
반란은 황후의 일침에 정신 차린 황제의 반격으로 진압되었다. 그 덕분에 폭동으로 불타 없어진 옛 성당을 대신하기 위해 아야소피아가 건립된다. 함무라비 법전, 나폴레옹 법전과 함께 세계 3대 법전이라는 유스티니아누스 법전 편찬작업에 가속도가 붙은 것도 이때부터다. 황제보다 더 황제 같았던 의연한 황후 테오도라가 없었다면 불가능한 일이었다.
그러나 기억할 것이 또 있다. 그 명예로운 업적이 3만 명이나 되는 시민들의 주검과 피 위에 세워졌다는 것을 말이다.

황후 테오도라,
이탈리아 라벤나의 산비탈레 성당

■ 신앙 안에서 한 공동체였던
동방교회와 서방교회가
정치적·종교적 이질화를 극복하지 못하고
완전히 분열된 사건

동방교회		서방교회
동로마제국	VS	신성로마제국
총주교 게롤라리우스		교황 레오 9세

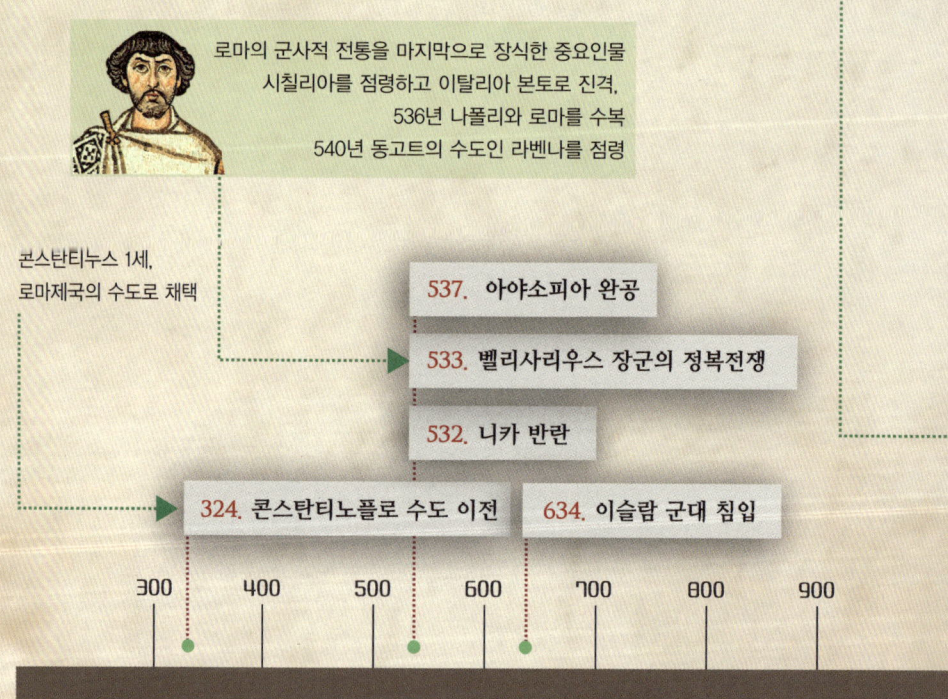

로마의 군사적 전통을 마지막으로 장식한 중요인물
시칠리아를 점령하고 이탈리아 본토로 진격,
536년 나폴리와 로마를 수복
540년 동고트의 수도인 라벤나를 점령

콘스탄티누스 1세,
로마제국의 수도로 채택

537. 아야소피아 완공

533. 벨리사리우스 장군의 정복전쟁

532. 니카 반란

324. 콘스탄티노플로 수도 이전   634. 이슬람 군대 침입

300   400   500   600   700   800   900

2부 건축으로 읽는 역사

- 동방 원정에 참가한 베네치아 공국이 자금 마련을 목적으로 헝가리에 이어 콘스탄티노플을 점령하고 라틴제국 수립
- 동로마제국은 망명정부 수립

- 알렉시오스 1세, 교황 우르바노 2세에게 원조 요청
- 1095년 프랑스의 클레르몽 공의회에서 성지 탈환 결의
- 1099년 예루살렘 탈환

- 망명정부와 라틴제국의 내전
- 고용한 용병들의 농촌 약탈로 민심 악화
- 이슬람 세력의 재침입
- 서방에의 구원병 요청에 교회의 재통합을 내세워 묵살
- 1453년 4월 2일, 술탄 메흐메트 2세의 8만 군대와 2개월에 걸친 공성전
- 1453년 5월 29일, 오스만제국, 콘스탄티노플 함락

1202. 제4차 십자군 원정

1095. 제1차 십자군 원정 시작

1054. 동·서방교회 대분열

970. 바실리우스 2세, 불가리아 정복

1453.5. 동로마제국 멸망

1000 1100 1200 1300 1400 1500

사랑이 남긴 영혼의 궁전

— 타지마할 Taj Mahal

부인과 후궁이 5,000명에 달하는 황제가 있었다. 그러나 그가 사랑하는 이는 그들 중에 없었다. 그는 오로지 다른 여인을 사랑했다. 그의 고민은 깊어갔다. 결코 이루어질 수도 없고, 이루어져서도 안 되는 그런 사랑이었던 것이다. 그녀의 이모가 황제의 정적이자 계모였기 때문이다. 하지만 그는 그녀와 결혼했고, 그녀와의 사이에 열네 명의 자식을 두었다. 전쟁터까지 함께 다닐 정도로 서로에 대한 애정이 남달랐다. 그렇게 17년을 살았다. 그게 끝이었다. 열네 번째 아이를 낳던 그녀가 갑작스레 죽음을 맞이해 버린 것이다.

　세상에서 가장 아름다운 그대만을 위한 궁전을 만들어주겠소.

사랑하는 아내의 주검 앞에서 한 황제의 약속은 마침내 지켜졌다. 타지마할이라는 아름다운 궁전으로….

인도 아그라 / 1630~1635년
모하메드 이사 아깐디, 우스타드 아메드 라호리
샤 자한 / 무굴제국

인도 지역에서 꽃핀 이슬람 문화

무굴제국은 16세기 전반에서 19세기 중엽(1526~1857)까지 인도 북부와 파키스탄, 아프가니스탄에 이르는 지역을 통치한 강력한 왕조였다. 또한 힌두교 전통의 인도 역사 가운데 가장 뚜렷한 흔적을 남긴 이슬람 왕조였다. 힌두교를 믿는 피지배계층과 이슬람교를 믿는 지배계층 간 갈등이 제국의 흥망을 좌우했지만, 무굴제국 때 인도는 문화적으로 황금기를 누렸다. 특히 힌두 문화와 터키 및 페르시아계 문화가 융합된 그들의 건축, 문학, 음악이 오늘날까지 인도에 상당한 영향을 미치고 있을 정도다.

그 흔적들은 델리에서 남동쪽으로 200킬로미터쯤 떨어진, 갠지스 강의 지류 야무나 강을 끼고 있는 아그라 일대에서 지금도 확인할 수 있다. 아그라는 무굴제국의 수도였다. 그 전에는 인도의 네 번째 이슬람 왕조였던 로디 왕조의 수도이기도 했다. 때문에 무굴제국의 강력한 권력을 상징하는 아그라 성이나 잠시나마 수도였던 파테푸르 시크리에 남아 있는 성과 자미 마스지드에서 이슬람 문화의 흔적을 엿볼 수 있다. 아그라성과 강을 가운데 두고 마주하고 있는 타지마할도 인도 이슬람 건축물의 대표적인 상징이라 할 수 있다.

1 자미 마스지드 대사원 정문 불란드 다르와자
2 파테푸르 시크리 성의 전경
3 아그라 성의 정문

타지마할의 미나레트

영원한 사랑의 기념물

타지마할은 궁전이 아니다. 이슬람 사원인 모스크에서 기도시간을 알려주기 위한 탑으로서의 미나레트가 네 개나 있지만 모스크도 아니다. 타지마할은 영혼을 모시는 영묘(靈廟)다. 쉽게 말하면 거대한 사당이고 무덤이다.

앞에서 이야기한 지독한 사랑의 주인공은 무굴제국의 5대 황제인 샤 자한(Shah Jahan)과 뭄타즈 마할(Mumtaz Mahal), 즉 '궁전의 꽃'이라고 불렸던 바누 베굼이다. 갑작스러운 아내 바누 베굼의 죽음에 샤 자한은 지옥과도 같은 슬픔에 빠졌다. 애도의 시간을 보낸 단 며칠 새에 머리가 하얗게 세어버릴 정도였다. 샤 자한은 아내에 대한 그리움을 아내를 위한 궁전을 짓는 것으로 이겨내려 했다. 이름이나 심정은 궁전이었지만 어쨌거나 무덤이었다. 하지만 샤 자한은 그것에 '마할의 왕관'이라는 이름을 붙였다.

세상에서 가장 아름다운 묘

타지마할 공사는 국가적 대공사였다. 먼저 세계 곳곳에서 이름난 기술자들을 불러들였다. 또 막대한 노동력을 투입했다. 동원된 건축가와 인부가 약 2만 명에 이르렀다는 것만 봐도 공사의 규모가 가히 짐작되고도 남는다. 그리고 세계 각지에서 귀한 돌을 수집했다. 가까운 페르시아와 중앙아시아, 우즈베키스탄은 물론이고 이탈리아와 프랑스에서까지 공수되었다. 돌의 이동만으로 보면 세계적 공사라고 해도 손색이 없을 정도다.

소요된 비용도 막대했다. 그런데도 건축의 왕이라고 불릴 만큼 남달랐던 샤 자한의 열정은 식을 줄 몰랐다. 공사는 22년이나 계속되었고, 이와 더불어 백성들의 불만과 원성도 쌓여 갔다. 그런데 샤 자한은 타지마할이 건너다보이는 야무나 강 맞은편에 자신의 무덤으로서의 검은 타지마할을 건설할 계획까지 세웠다. 대공사로 정치는 어지러워졌고, 국가 재정은 바닥을 보였는데도 말이다.

1 샤 자한이 유폐되었던 아그라 성의 탑과 그곳에서 아스라이 보이는 타지마할
2 타지마할 내부에 있는 샤 자한 부부의 묘

결국 샤 자한은 반란을 일으킨 아들 아우랑제브에 의해 황좌를 빼앗기고 8각형의 탑에 갇히고 만다. 그리고 죽을 때까지 그곳에 갇혀 강 건너에 있는 아내의 궁전을 바라만 봤다. 아들 아우랑제브는 아버지인 샤 자한의 장례식도 치르지 않았지만 그토록 사랑했던 아내 곁에 누울 수 있게는 해주었다.

완벽한 대칭구조와 높은 완성미

타지마할의 진가는 전설 같은 사내의 사랑이나 겉으로 보이는 아름다움에만 있지 않다. 규모와 건축 방식에서 그것을 찾을 수 있다. 폭 350미터, 길이 580미터 규모의 타지마할은 정문에서 약 250미터 떨어져 있다. 중앙을 중심축으로 하여 좌·우측이 정원, 연못, 나무 등과 함께 완벽한 대칭구조로 되어 있다. 그 대칭구조와 더불어 건물에 사용된 기하학적 계산의 완벽함은 현대의 건축학자들도 혀를 내두른다.

이 모든 것은 처음부터 계획적으로 진행되었다. 당시 무굴제국의 건축 관행은 나중에 증축하거나 개축하지 못하도록 되어 있었다. 그 때문에 건축가들은 처음부터 하나의 통일체로서 타지마할을 구상하고 설계했다고 전해진다. 또한 원근법을 이용해서 멀리서도 직선구조로 보이게 했고, 지진이 일어나도 관이 있는 쪽으로는 무너지지 않도록 1만 3,000톤을 지탱하게 설계되었다. 그야말로 타지마할은 완벽하게 대칭을 이루는 수학적 완성도에 주변 경관과의 어울림, 거기에 미학과 기하학의 정석을 구현한 최고의 기획작품이었던 것이다.

2부 건축으로 읽는 역사

아름답다, 아름답다고밖에 할 수 없다

순수한 모든 것,
성스러운 모든 것,
그리고 불행한 모든 것의 결정이다.
이 건물의 신비는 바로 여기에 있다.

영국의 작가 키플링은 타지마할을 방문한 소감을 이렇게 적었다. 허풍이나 호들갑으로 여겨지지 않는다. 인도 문화가 무엇이고 이슬람 문화가 무엇인지 솔직히 구분해서 감상하기는 어렵지만, 아름답다. '아름답다'라는 말로는 부족할 정도지만, 그보다 나은 말을 찾기가 쉽지 않으니 아름답다고 할 밖에. "인류가 보편적으로 감탄할 수 있는 걸작"이라는 평가에 진심으로 동조할 만큼….

역사 속으로

인도의 제국은 왜 영국의 식민지가 되었을까?

무굴제국 이후 인도의 영토와 정치는 영국의 손아귀에 떨어졌다. 멀리 중동의 페르시아까지 정복전쟁을 통해 영토를 넓혔던 인도가 어째서 식민지가 되어버린 것일까?

첫 번째는 막대한 재정과 노동력이 투입되어야 하는 국가적 대공사 때문이었다. 강력한 제국을 형성했던 악바르 시대부터 손자인 샤 자한의 통치 시절 아그라 성에 타지마할까지 어마어마한 대공사가 있었다. 두 번째는 연이은 정복전쟁 때문이었다. 전쟁도 대공사와 마찬가지로 병력으로서의 사람들이 필요했고, 이들을 먹이고 무장을 유지하기 위한 막대한 비용이 필요했다.

여기에 아버지를 탑에 가두고 스스로 황제가 된 아우랑제브 1세가 기존의 황제들이 유지했던 이슬람교와 힌두교의 종교 융합정책을 포기해버리면서 분열을 조장했다.

세금, 노동력·병력으로의 차출, 종교적 박해까지 이어지자 소영주들이나 농민은 물론이고 궁중의 귀족들까지 황실에 대한 반감을 갖게 되었다. 그리고 이 반감은 곧 반란으로 이어졌다. 펀자브 지방에서는 시크교도들이 반란을 일으켰고, 서부 데칸 지방에서는 힌두교도들이 자신들의 마라타 왕국을 세웠다. 1707년, 아우랑제브가 데칸 일대를 원정하던 중 전사해버리자 반란은 인도 전역으로 퍼졌다. 중앙은 중앙대로 황위계승을 둘러싸고 암투가 계속되었다.

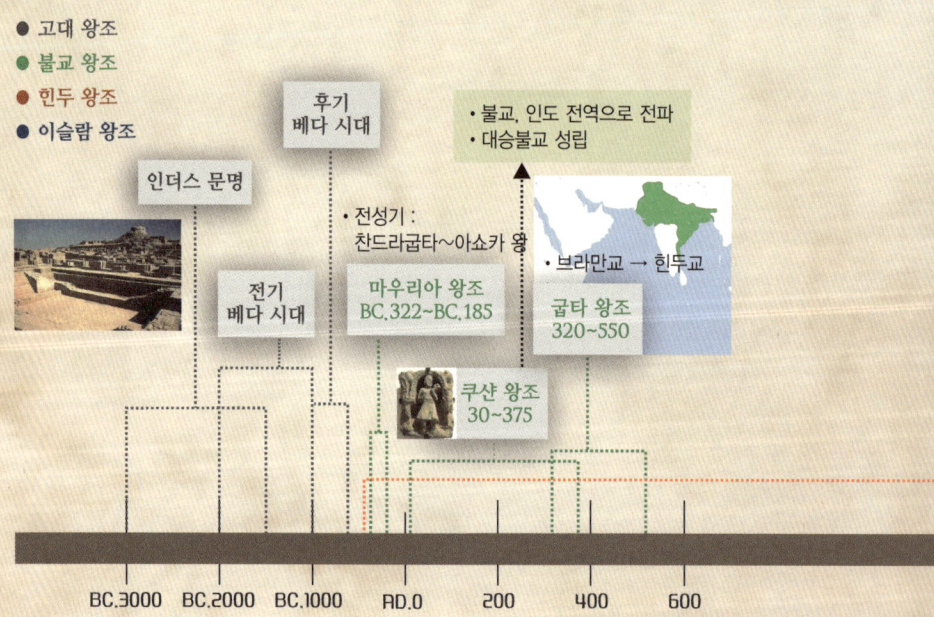

2부 건축으로 읽는 역사

아우랑제브 이후 14명의 황제가 교체되는 동안 제국은 반란을 제압할 돈도 힘도 권력도 없는 허울뿐인 제국이 되어갔다.

그런 때 신항로 발견 후 먹이를 찾아 헤매던 유럽의 열강들이 인도까지 찾아왔다. 인도는 아시아와의 무역을 위한 중간 교두보가 되기에 충분한 지역적 이점을 가지고 있었다. 영국은 스라트 지역에 근거지를 확보했고, 프랑스를 물리친 후 인도 지배의 기초를 다지기 시작했다. 그리고 그 선두에 동인도회사가 있었다. 그 후 동인도회사에 의해 인도는 영국의 산업 발달에 필요한 원료의 공급지 및 상품 시장으로 전락하고 만다. 인도인들 역시 착취와 수탈의 대상으로 전락했다.

지배와 착취가 이어지자 인도인들은 분노했다. 결국 동인도회사의 손발이 되었던 인도인 용병 세포이들의 저항인 '세포이 반란'을 시작으로 인도의 독립을 위한 전쟁이 시작되었다. 하지만 이들의 독립전쟁은 영국 본국에서 지원을 받은 동인도회사의 무력에 진압되고 만다. 나아가 명목상이었지만 엄연히 존재하고 있었던 무굴제국의 황제도 폐위되고 말았다. 이로써 제국을 완성했던 무굴 왕조는 국토의 대부분을 영국에 빼앗긴 채 역사 속으로 완전히 사라져 버렸다.

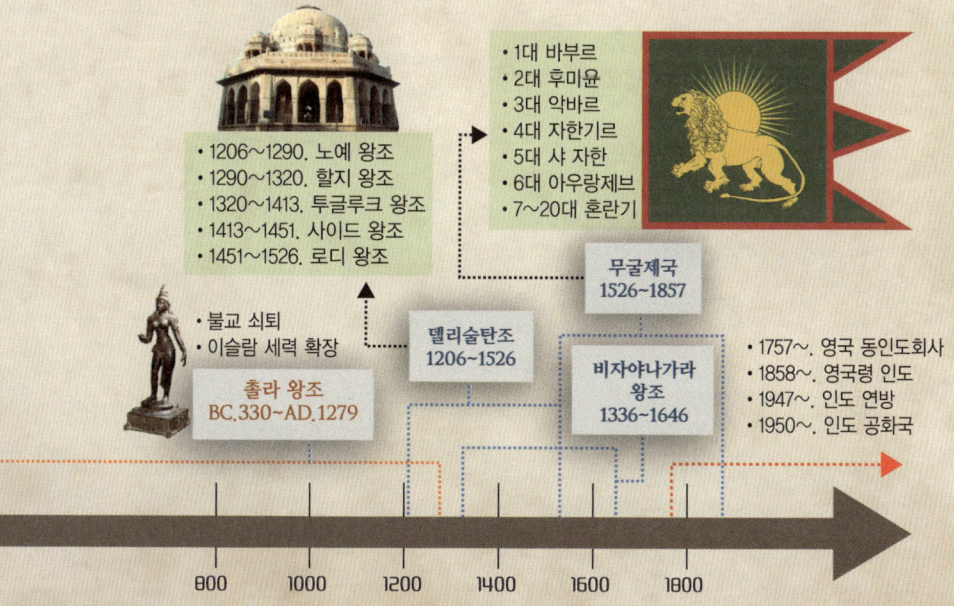

절대왕정의 절대적 상징
– 베르사유 궁전 Château de Versailles

프랑스 베르사유 / 1624, 1643~1699년
쥘 아르두앵 망사르, 필리베르 르 로이, 자크 가브리엘, 루이 르 보 등
루이 14세 / 프랑스

베르사유는 본래 프랑스 수도 파리에서 남서쪽으로 22킬로미터 떨어진 작은 시골마을이었다. 적어도 17세기까지는 그랬다. 그런데 어느 순간 세계적으로 유명한 곳이 되고 말았다. 그리고 지금은 파리를 찾은 사람들이 반드시 들르는 곳이 되었다. 별 볼일 없었던 작은 시골마을을 온 세계가 기억하게 한 것, 그것은 바로 베르사유 궁전이었다.

더 이상 호화로울 수 없다

베르사유 궁전은 일단 그 규모에 놀랄 수밖에 없다. 무려 3만 6,000여 명의 인부와 6,000여 마리의 말을 동원하여 24년 동안 궁전을 지었는데, 궁전 안에는 300미터에 달하는 장대한 복도와 그것을 중심으로 퍼져 있는 좁은 복도와 계단에 회의실, 도서관, 황실용 개인 아파트, 여성용 거실과 개인 예배당이 얽혀 있다. 규모만이 아니다. 궁전 곳곳에 비치되어 있는 장식품들은 하나같이 황금이나 보석으로 치장되어 있고, 벽 하나도 그냥 내버려둔 곳이 없을 정도로 눈길 가는 곳마다 웅장하고 아름다운 벽화가 자리하고 있다. 왜 베르사유 궁전을 로마제국 이후 가장 사치스러운 미술과 조각기술로 공들인 건축물이라고 했는지 저절로 이해가 된다.

태양왕의 정치적 야망의 산물

베르사유 궁전의 시작에는 루이 14세가 있었다. 당시 프랑스는 정치, 군사, 문화 등 모든 면에서 유럽에서도 최강대국의 위치를 누렸다. 그리고 그런 프랑스를 이끈 이는 네 살 때 왕이 되어 72년 동안이나 프랑스를 통치한 루이 14세였다. 우리나라에서 가장 재위 기간이 긴 영조가 51년인 것을 생각해볼 때 72년 동안이나 왕위에 있었다는 것은 놀라운 일이 아닐 수 없다. 물론 65년이나 왕위를 지키고 있는 영국의 엘리자베스 여왕도 있지만···. 아무튼 권력 다툼과 전쟁이 빈번했던 유럽에서 이토록 길게 왕위를 지켰던, 그것도 강력한 군주로서 안정을 이끌었던 왕은 드물다.

루이 14세는 태양왕이라고도 불린다. 국정의 사소한 부분까지 모두 자신이 주관하고자 했으며, 모든 국가기구를 왕에게 집중시켜 중앙집권체제를 완성했을 뿐만 아니라 신의 대리자를 자처하며 절대권력을 휘둘렀기 때문이다. 또한 예술가와 작가들을 후원함으로써 프랑스를 유럽 예술의 중심지로

젊은 시절의 루이 14세,
샤를 르 브룅의 '루이 14세의 초상'(1661)

만들었고, 베르사유 궁전 건설로 화려한 왕실문화의 극치를 보여주었기 때문이다. 그뿐이 아니다. 네덜란드 독립전쟁과 에스파냐 왕위계승전쟁에 이르는 일련의 전쟁들에서 일부 승리를 거두며 프랑스의 영토를 동쪽으로 확장시켰기 때문이다.

태양은 온기를 주고 낮을 주고 생명을 준다. 그러나 지나치면 화상을 입히고, 죽음을 주기도 한다. 루이 14세가 그랬다. 16세기 루터·츠빙글리·칼뱅 등에 의한 종교개혁의 결과로 로마 가톨릭에서 떨어져 나온 신교도들을 반란세력으로 적대시했고, 1685년에 그들에게 예배의 자유를 보장해주었던 낭트칙령까지 철회해버렸다. 프랑스 신교도의 모든 종교적, 시민적 자유를 박탈해버린 것이다. 이 때문에 40만 명 이상의 신교도들이 영국·프로이센·네덜란드·미국 등지로 떠나버렸는데, 이들은 대부분 상인·군인·수공업자들이었다. 결과적으로 근대국가의 화신이 되고자 했던 루이 14세의 지나친 욕망이 실제로는 근대국가로 발전할 수 있었던 요인들을 제거해버린 것이다.

"짐이 곧 국가다(L'Etat, c'est moi)"

처음부터 그가 절대권력을 휘둘렀던 것은 아니다. 이전 왕도 그랬지만 프랑스의 정치권력은 귀족들에게 있었다. 게다가 그가 왕이 된 건 고작 네 살 때였다. 총리이자 추기경이었던 쥘 마자랭이 국가의 모든 것을 도맡아 관리했다. 전쟁도 그가 진두지휘했고, 반란도 그가 진압했다. 그러던 1661년, 마자랭이 죽자 루이 14세는 몸소 왕국의 모든 책임을 떠맡겠다는 뜻을 밝혀 신하들을 놀라게 했다. 친정의 선포였다. 하지만 왕의 친정은 앙리 4세 이후로는 없던 일이었고, 프랑스 전통에 부합되는 것도 아니었다.

루이 14세는 이제 권력을 쥐고 있었던 귀족들과 싸워야 했다. 그러나 그 싸움은 귀족들에게 포위되듯 둘러싸인 파리에서는 불가능한 일이었다. 자신만의, 자신의 권력을 지켜줄 새로운 거처가 필요했다. 그리고 귀족의 관심을 빼앗을 그 무언가가 필요했다. 루이 14세는 루이 13세가 사냥용 별장으로 지은 베르사유 별장을 주목했다. 파리에서 멀지도 않았으며 귀족들의 근거지도 아니었기 때문이었다.

루이 14세는 당대 유명한 예술가들을 초빙했고, 어마어마한 비용을 들여 별장을 강력한 왕권의 상징으로서의 궁전으로 개조 및 증축했다. 하지만 정사를 다루는 정치적 건물이나 왕의 일신을 보호하기 위한 요새보다는 사교와 예술, 그리고 화려함에 초점을 맞췄다. 귀족들을 이곳에 끌어들여 도박, 오락, 춤 등에 빠지게 함으로써 정치에서 멀어지게 하기 위해서였다.

피에르 파델의 '베르사유'(1668)

1 침실과 거실 2 대예배당 3 거울의 방

고전주의 바탕의 바로크 양식

베르사유 궁전은 이탈리아의 바로크 양식의 파격적인 면을 없애고 엄격한 고전주의를 발전시킨 독보적인 건축물이다. 지나친 장식보다는 세련되고 우아한 표현에 중점을 주되 문·창문·벽이 그 고유의 기능 외에 장식이 될 수 있도록 조각과 도금된 몰딩장식으로 처리하고, 그림·조각·나무패널·천 벽지·거울 등으로 포인트를 주었다. 바닥은 대리석을 사용해 그 모든 것들이 반사되어 이중으로 보이는 효과까지 노렸다. 물론 일부는 화려한 양탄자로 대신하기도 했다.

루이 14세는 1682년 거처를 이곳으로 옮겼다. 그리고 자신의 권위를 귀족들이 느낄 수 있게 해주었다. 당시 궁정에서는 매일 왕을 주인공으로 하고 귀족들이 함께 참여하는 엄격한 의식이 거행되었는데, 앉는 자리와 몸짓·식탁에서의 자리·의자의 종류에 이르는 모든 것들이 서열에 의해 정해졌다. 공간의 배치와 분배도 역시 서열에 따라 달리했다. 모든 행위와 사물이 공적인 지위와 연결되도록 한 것이다. 베르사유 궁전에서의 일상을 한마디로 정의하면 '위계질서'였다. 궁정의 일상생활과 예절, 사물을 통해 매순간 시각적으로 증명되는 위계질서가 사람들의 마음속에 자연스럽게 각인되었다. 루이 14세는 자신의 권위를 지키기 위해 전통적 위계를 재조직하고 강화한 것이다.

루이 14세의 마지막 깨달음

왕과 귀족들이 베르사유를 중심으로 화려한 삶을 누리는 동안 백성들의 삶은 자연히 어려워졌다. 누구보다 강하고 아름다운 왕이 되고 싶었던 루이 14세였지만, 그에게 백성들의 어려움 따위는 보이지 않았다. 백성들도 자신들을 돌보지 않는 왕을 더 이상 존경하지 않았다. 루이 14세를 비방하는 대자보들이 파리와 프랑스 곳곳에 연일 나붙었다. 기근과 전염병까지 덮쳤다.

루이 14세가 마냥 행복한 것은 아니었다. 과도한 업무로 건강을 잃었고, 스스로에게 부여한 초인간적인 지위에 대한 부담도 견디기 어려웠다. 결국 그는 미식과 미녀에 탐닉했다. 말년에는 아들과 손자 내외를 천연두와 홍역으로 잃고 말았다. 자신이 죽으면 이제 겨우 걸음마를 뗀 어린 증손자가 왕위를 이을 판이었다. 귀족들이 어린 왕을 허수아비 왕으로 삼고 다시 권력을 잡으려 한다는 강박은 암살의 공포로 이어져 매일매일 불안한 나날을 보냈다.

하지만 루이 14세는 암살이 아니라 천연두로 죽었다. 죽기 직전 그는 어린 증손자(루이 15세)에게 당부의 말을 남긴다. 그의 이 말이 그가 남긴 베르사유 궁전보다 더 진한 감동으로 다가오는 것은 왜일까?

> 닮지 마라.
> 화려한 건축물에 마음을 쏟지도 말고, 전쟁을 좋아하지도 마라.
> 이웃나라와 싸우기보다 화친하고, 늘 신을 경건히 섬기며,
> 백성들이 신을 편안히 섬길 수 있게 도와라.
> 그들의 고통을 덜어주는 군주가 되어야 한다.
> 나는 그렇게 하지 못했다.

루이 14세는 왜 낭트칙령을 철회했을까?

프랑수아 뒤부아의 '성 바르톨로메오 축일의 학살'(1572)

낭트칙령이 있기 전 프랑스는 종교문제로 시끄러웠다. 가톨릭을 국교로 삼고 있던 국가 권력과 루터와 칼뱅의 종교개혁 이후 15세기에서 16세기에 걸쳐 성장한 위그노(칼뱅파 신교도)가 충돌하고 있었기 때문이었다. 그러다 마침내 가톨릭 측이 위그노를 살해하기 시작하면서 전쟁이 시작되었다. 이른바 위그노 전쟁이다. 전쟁은 30년 동안이나 간헐적으로 계속되었다. 1570년에는 휴전을 맺고 화평의 증거로 치른 결혼식에서 가톨릭 측이 대학살을 벌이기도 했다. 바로 성 바르톨로메오 축일의 학살이다.

위그노 전쟁은 1589년에 왕위계승전의 양상을 띠면서 국제사건이 되었다. 당시 이미 종교개혁으로 가톨릭과 결별한 영국은 위그노 측을 지지했고, 에스파냐는 가톨릭을 지지했다. 그러다 나바르의 앙리가 왕위를 잇기 위해 가톨릭으로 개종한 후 앙리 4세로 즉위, 위그노의 종교적 자유를 보장한다는 내용의 낭트칙령을 선포하고 전쟁을 종식시켰다. 그러나 크고 작은 충돌과 분쟁은 앙리 4세의 손자 루이 14세가 즉위한 후까지도 이어졌다.

그런데 루이 14세는 할아버지와 달리 가톨릭 신자였다. 그리고 절대왕정을 꿈꿨다. 그런 때에 가톨릭을 국교로 인정하면 절대왕정에 대한 교황청의 지원을 받을 수 있었던 것이다. 결국 1685년 10월 18일 퐁텐블로칙령으로 방해가 되는 낭트칙령을 폐지해버렸다.

이유는 또 있었다. 프랑스는 영국과 식민지 확보를 위한 경쟁 중이었다. 그런데 영국은 신교국이었다. 만약 프랑스가 가톨릭국이 되면 에스파냐 등의 지원을 받을 수 있었던 것이다. 이런 이유로 낭트칙령이 폐지되고 프랑스는 교황청과 주변 가톨릭 국가의 도움을 받아 절대왕정을 이뤄 식민지를 개척해갔다.

낭트칙령서

한편 신변을 보장받지 못하게 된 많은 위그노들은 영국·네덜란드·미국 등으로 빠져나갔다. 문제는 이들 대부분이 상공업에 종사하는 부르주아 계급이었다는 데 있었다. 이들이 재산을 싸들고 해외로 이주하자 경제가 마비되는 지역이 속출했다. 때문에 프랑스는 주변국들이 산업혁명으로 근대화를 이루는 동안 그저 지켜볼 수밖에 없었다.

자연과 예술이 어우러진 동화 속의 성

— 노이슈반슈타인 Neuschwanstein

깎아지른 산꼭대기에 백조의 모습을 닮은, 환상적인 분위기를 자아내는 성이 있다. '백조의 성'이라고 불리는 이유를 짐작할 만하다. 그런데 어디서 많이 봤다 싶다. 아, 월트디즈니 영화의 첫 장면! 그리고 월트디즈니의 만화영화 속 신데렐라가 무도회를 위해 찾아갔던 성도 바로 이 성이다. 이 성이 어떤 이유로 미국에 있는 영화사와 놀이공원의 상징이 되었는지는 알려진 바가 없다. 하지만 분명한 것은 성에 얽힌 이야기가 동화처럼 낭만적이지만은 않다는 것이다.

독일 퓌센 / 1869~1880년
크리스티안 얀크, 에두아르트 리델
루트비히 2세 / 바이에른 왕국

전설과 설화를 현실로 옮기다

노이슈반슈타인의 Neu는 New, Schwan은 Swan, Stein은 Stone을 의미하는 독일어다. '새로운 백조의 석조성' 정도 되겠다. 방금 동화 속에서 툭 튀어나온 듯한 이 성이 위치한 곳은 바이에른 왕국이 지배했던 곳이다. 바이에른 왕국(Königreich Bayern)은 1806년부터 1918년까지 오늘날의 바이에른 주 및 팔츠 지방을 지배했던 제후국으로 나중에 독일제국에 가맹한 영방들 가운데 프로이센 왕국에 이어 제2의 규모를 자랑했다. 노이슈반슈타인은 바로 이 바이에른 왕국의 네 번째 국왕 루트비히 2세의 작품이다.

페르디난트 폰 필로티의 '루트비히 2세'(1865)

헤렌킴제 성

열아홉 살에 왕이 된 루트비히 2세는 건축광이었다. 노이슈반슈타인 외에도 프랑스의 트리아농 궁전을 모방한 린더호프 성과 베르사유 궁전을 모방한 헤렌킴제 성을 짓게 했다. 그것도 아름다우면서 화려하고 거대하면서도 섬세한, 그리고 몽환적인 성을…. 루트비히 2세는 백조를 타고 온 기사 로엔그린이나 전설적인 시인 탄호이저에 대한 동경을 건축을 통해 표출하고자 했다. 그 기폭제는 독일의 오랜 전설을 오페라로 작곡했던 바그너였다. 1865년 루트비히 2세가 바그너를 처음 만났을 때 바그너는 낭비벽으로 인해 빚에 허덕이고 있었다. 그런 바그너에게 루트비히 2세는 후원자가 되어주었다. 그리고 4년 뒤 오페라 '탄호이저'의 세계를 형상화하기 위해 성을 짓기 시작했다. 바로 노이슈반슈타인이다. 어려서부터 전설에 탐닉하고, 세상과 동떨어져 살았던 몽상가 루트비히 2세의 꿈이 현실로 옮겨진 것이 바로 그의 성들이었던 것이다.

린더호프 성

노이슈반슈타인의 뒤쪽 성벽

로마네스크 위에 생동하는 고딕

노이슈반슈타인은 왕궁이 아닌 사냥을 위한 별궁이다. 13세기 독일의 로마네스크 양식에 충실한 건축물이긴 하지만, 단순히 중세의 성을 충실히 재현한 것으로 보기는 어렵다. 그 위에 얹힌 비잔틴과 고딕의 양식이 한데 어우러져 생동감을 표출하기 때문이다. 원뿔형 지붕이 덮인 불규칙한 윤곽의 높은 탑들과 성의 외관에 배열되어 있는 다양한 요소들이 눈길을 끌지만, 거의 장식이 없는 육중하고도 매끈한 성벽에 비견할 바는 아니다 여기에 성 안에 들어가 풍부하고도 복잡한 실내장식을 보면 입을 다물 수가 없다. 벽이나 바닥에 그림이나 장식이 없는 부분이 거의 없을 정도이기 때문이다.

이 성의 경이로움은 외형에만 있지 않다. 평생 독신으로 지낸 루트비히 2세는 가장 독일적인 모습을 재현한다는 목표 아래, 그리고 17년의 공사 끝에 이 성을 완성했다. 성 내부에는 오페라 가수들의 화려한 방이 즐비하고 왕의 침실 세면대에는 백조의 주둥이에서 물이 나오는 백조의 샘까지 있다. 수백 미터 지하에서 계곡물을 길어 올려 식수로 사용했다거나 부엌의 온기를 중앙난방식으로 활용하여 성의 내부 전체를 데우는 등 과학기술의 면모도 놀랍다. 내부의 장식에는 금을 사용해놓아서 '화려하다', '눈부시다'라는 표현으로도 부족할 정도다.

해피엔딩이 아닌 잔혹동화의 결말

루트비히 2세는 두 가지 상반된 평가를 받았다. '백성을 돌보지 않은 무능한 정치인'이자 '예민한 감성을 지닌 예술가에 가까운 순결한 사람'이라는 것이 그것이다. 실제 루트비히 2세는 일찌감치 정치에서 손을 떼다시피 했다. 자본주의의 도전과 권력과 음해가 난무하는 정치를 견디지 못했던 것이다. 대신 미술과 시와 오페라의 낭만에 빠져들었고, 그 낭만을 현실로 옮겨 놓기 위해 성을 지었다. 하지만 공사는 수월치 않았다. 그가 비록 왕의 신분이기는 했으나 개인의 재산을 털어서 지었기 때문에 돈이 없을 때는 공사를 중단한 채 성을 방치하기 일쑤였다. 결국 완공도 보지 못한 채 그는 마흔한 살이라는 젊은 나이에 느닷없는 죽음을 맞았다. 그것도 호수에서 익사체로 발견된 것이다. 그는 수영 실력이 출중했을 뿐만 아니라 평소 굉장히 건강했다. 때문에 실족사라기에는 무리가 있었다. 자살이라 보기도 어려웠다. 유언장도 없었고, 딱히 그때 그럴 만한 특별한 이유가 있었던 것도 아니었다. 게다가 그가 빠져 죽었다는 곳의 수심이 기껏해야 무릎 정도였다.

그러면 추정을 해볼까? 일단 루트비히 2세는 죽을 당시 폐위된 왕이었다. 노이슈반슈타인이 완공되기 4년 전인 1886년 궁정 의료진에 의해 정신병자로 판정되어 폐위되었고, 베르크 성에 유폐된 상태였던 것이다. 삼촌인 루이트폴드 공은 루트비히 2세의 동생이자 정신이상자로 오랫동안 엄격한 감호를 받으며 살던 오토 1세를 꼭두각시 왕으로 세우고 실질적 집권자가 되었다. 그런 그에게 폐위된 왕은 정신이상의 여부와 상관없이 정치적 문젯거리이자 거추장스러운 존재였을 터다. 아무튼 루트비히 2세는 폐위된 지 5일 만에 죽음을 맞았다. 190센티미터나 되는 건장한 체구에 수영도 수준급이었던 사내가 무릎길이 정도의 호수에서 익사한 것이다. 루트비히 2세를 정신병자로 확진했던 정신과 의사와 함께….

나만을 위한 나의 성

생전에 루트비히 2세는 집사를 제외하고는 아무도 노이슈반슈타인에 들이지 않았다고 한다. 성의 아름다움을 오롯이 혼자서만 누리고 싶었던 것일 게다. 하지만 그의 소망은 끝내 지켜지지 않았다. 그가 죽은 지 3주 뒤 관광객들에게 개방되었기 때문이다. 그리고 노이슈반슈타인은 독일 최고의 관광명소를 만든 역사적인 왕이라는 명성보다 정치와 백성 대신 전설을 택한 미치광이 왕이라는 치욕적 오명을 루트비히 2세에게 안겨주었다.

바이에른과 독일의 역사

역사적으로 도이칠란트(Deutschland)라는 단일국가가 등장한 것은 1871년 지금의 독일 지역과 프로이센, 알자스, 로렌 지역을 합쳐 성립된 때였다. 바로 독일제국이다. 이전에는 여러 개의 영방국가로 나뉘어 있었고, 그 이전에는 지역적으로는 통일되어 있었지만 프랑크 왕국이나 동프랑크 왕국이라는 이름이었다.

그보다 더 이전에 이 지역은 서로마제국의 영토였다. 375년 북부의 게르만족이 서로마제국을 쫓아내고 자신들의 왕국을 세우기 시작했고, 그중에서 로마 가톨릭으로 개종하여 동로마제국의 인정을 받은 프랑크 왕국이 최후의 승자로 살아남았다. 하지만 왕위계승을 둘러싼 삼형제의 싸움으로 동·서·중프랑크(독일·프랑스·이탈리아의 시작)로 분리되었다. 그리고 동프랑크도 중세를 거치면서 주변국들의 성장 및 종교개혁과 30년전쟁 등을 계기로 2,000개에 가까운 영방국가로 쪼개지고 만다.

1806년 프랑스의 나폴레옹 1세의 정책으로 신성로마제국마저 해체된 후에는 독일 서부지역에서는 나폴레옹 법전을 받아들인 라인연방이, 독일 지역에는 프로이센과 오스트리아를 포함한 35개의 군주국과 4개의 자유도시가 통합된 '독일연방'이 세워졌다.

바이에른도 이때 왕국으로서 독일연방에 소중한 1표를 행사했다. 그러나 1871년 빌헬름 1세와 수상 비스마르크가 이끄는 프로이센을 중심으로 통일된 '독일제국'에 흡수되고 만다. 바로 제1차 세계대전을 일으킨 것이 이 독일제국이다.

이후 세계대전에서의 패배로 독일제국은 붕괴되고 바이마르 공화국으로 명맥을 잇다가 히틀러의 나치 제3제국으로 제2차 세계대전을 일으킨다.

동프랑크의 영토를 확장한 하인리히 1세의 프레스코화,
독일 들린부르크 수도원

독일의 역사			
고대	게르마니아		로마제국
	게르만족		서로마제국
중세~근세	프랑크 왕국		
	동프랑크 왕국		
	독일왕국		
	독일기사단국		신성로마제국
	프로이센 공국		
근대	프로이센 왕국		라인동맹
	독일연방		
	북독일연방		바이에른, 헤센, 바덴, 뷔르텔베르크
	독일제국		
	바이마르공화국		
	나치 제3제국		
	연합군 군정기		
현대	동독	서독	자르
		서독	
	독일		

창조적 재능이 발현된
최고의 결실

- 쾰른 대성당 Kölner Dom

라인강 길목에 있는 유서 깊은 중세도시 쾰른에 가면 한창 수리가 진행 중인 성당이 있다. 기록을 찾아보면 1248년부터 짓기 시작하여 무려 632년 만인 1880년에 완공했다고 되어 있기는 한데, 여전히 공사가 진행 중인 것을 보자니 고개가 갸웃한다. 우리는 단기간에 연륙교도 놓고 100여 층에 이르는 고층건물도 세우는 등 뭐든 후딱후딱 해내버리니까. 물론 완성도나 예술적·미적 가치는 별개지만!

독일 쾰른 / 1248~1880년
게르하르트 폰 릴레, 알베르투스 마그누스 등
콘라트 폰 호흐슈타덴(쾰른 대주교) / 신성로마제국~독일제국

900여 년이 지났는데도 여전히 진행 중

공사기간에 의구심을 자아내는 이 성당은 쾰른 대성당이다. 공식적으로는 1248년에 세워지기 시작해 1880년에야 완공되었다고 하니 성당 하나를 짓는 데 무려 632년이나 걸린 셈이다. 그 만큼 심혈을 기울였다고? 뭐, 그렇다고 보기는 좀 어렵다. 건축 과정에 많은 우여곡절이 있었으니까.

먼저 남쪽 종탑은 1473년에, 남쪽 회랑은 1560년경에 일정한 높이까지 올라갔다. 하지만 1560년에 비용이 부족해서 건설이 중단되고 말았다. 때문에 복권을 발행해 마련한 자금으로 재개할 때까지, 그러니까 1842년까지 무려 280여 년간을 방치되어 있었다.

공사가 재개된 데는 독일 통일이라는 정치적 목적도 있었다. '독일제국'으로의 통일을 앞두고 있었던 빌헬름 1세와 수상 비스마르크가 이끄는 프로이센에게는 통일 독일의 상징이 필요했고, 쾰른 대성당은 안성맞춤의 대상이었던 것이다. 따라서 공사를 급격하게 진행시켰고, 통일된 지(1871) 9년 만인 1880년에 완성시켰다. 프로이센과 독일제국을 거치면서 600여 년의 긴 여정을 마치고 마침내 완공된 것이었다. 하지만 정부의 재촉이 있었던 때의 공사는 완성도가 떨어질 수밖에 없었다. 때문에 아직도 쾰른 대성당 곳곳에서는 수리공사가 진행 중이다. 전문가들은 지구 멸망 때까지 계속 수리해야 할 것으로 전망한다.

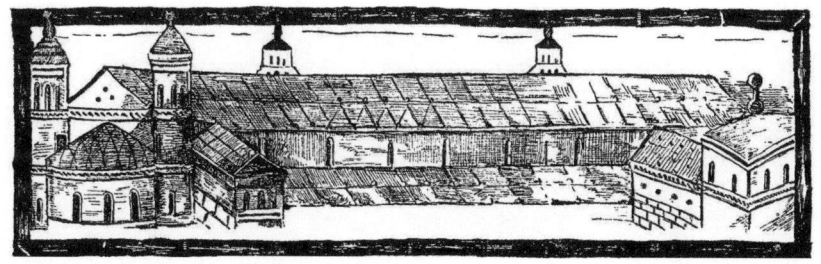

힐데볼트 성당의 스케치

최대 규모의 고딕성당이자 유럽 3대 성당

부실공사의 전형이 되고 말았지만, 그것이 쾰른 대성당의 가치를 깎아내릴 수는 없다. 일단 너비 86미터·내부길이 144미터가 되는 규모가 그렇고, 뮌스터 교회에 이어 두 번째로 높은 157미터 높이가 그렇고, 에스파냐의 세비야 대성당과 이탈리아 밀라노 대성당에 이은 세계 최대의 고딕양식이라는 스타일과 명성이 그렇다.

쾰른 대성당의 정식명칭은 '성 베드로와 마리아 대성당(Hohe Domkirche Sankt Petrus und Maria)'으로 로마 가톨릭교회다. 영국 성 바오로 성당(세인트 폴)과 에스파냐 세비야 대성당과 함께 유럽 3대 성당이기도 하다.

준공이 있었던 1248년 이전에도 같은 자리에 건축물들이 존재했었다. 쾰른의 첫 교구장 주교였던 마테르누스의 지시로 지어진 정사각형의 '최초 성당'도 있었고, 지금의 대성당 바로 이전에는 힐데볼트 대주교에 의해 세워진 '힐데볼트 성당'이 있었다(873). 하지만 1248년 4월 화재로 거의 모든 건물이 전소하여 파괴되었고, 이후에는 서쪽 부분만 재건하여 쾰른 대성당이 착공되기 전까지 몇 년 동안 미사를 위한 장소로 사용했다.

신식 고딕양식의 아미엥 대성당, 프랑스 아미엥

동방박사 유해를 품은 순례의 성당

쾰른 대성당의 존재 이유이자 탄생의 이유는 바로 동방박사의 유골함이다. 예수가 태어날 때 별을 보고 동쪽에서 찾아와 예수 탄생을 축하해주었던 이들이 동방박사인데, 이들의 유골을 신성로마제국의 황제 프리드리히 1세가 이탈리아 원정에서 전리품으로 획득했고, 이를 다시 대주교 라이날드 폰 다셀이 밀라노에서 쾰른으로 가지고 왔다. 그리고 대주교는 동방박사의 유골을 위해 세공이 들어간 새로운 유골함을 만들었다.

금으로 도금된 유골함 외면은 구약 성경의 시작에서부터 그리스도 재림의 종말까지가 섬세하게 조각되어 있다. 그에 상응하여 옆면 아랫단에는 예언자와 왕들, 그 윗단에는 동방박사에 대한 경배, 요르단 세례, 심판자로 재림하는 신의 장면이 조각되어 있다. 뒷면 아래쪽에는 예수의 수난과 십자가형이, 그 위쪽에는 성 펠릭스와 나르보르가 월계관을 받는 장면이 표현되어 있다. 그런데 동방박사의 유골함이 있다는 소식이 퍼져나가자 엄청난 숫자의 순례자들이 몰려들었다. 대성당이자 순례성당으로서의 명성에 걸맞은 성당 신축이 필요해진 것이다. 그렇게 쾰른 대성당 공사가 시작되었다.

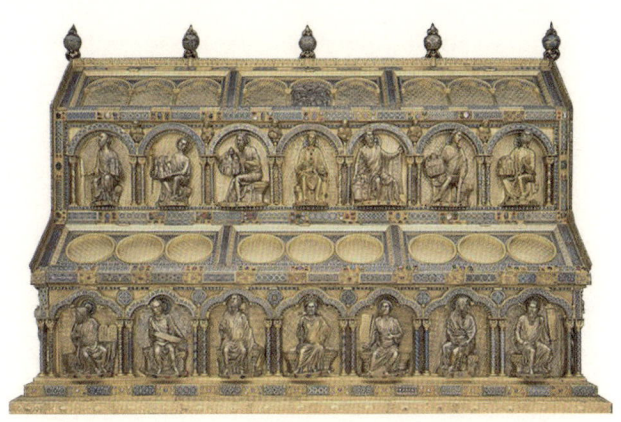

동방박사 유골함(Drei Konigenschrein)

새로운 형식의 고딕과 문맹을 위한 배려

새로운 성당은 당시 흔하던 독일의 로마네스크식 건축양식이 아닌 북프랑스의 아미엥 대성당을 바탕으로 한 신식 고딕양식으로 설계됐다. 그리고 1265년에 제실과 제실의 아치형 천장이 완공되었고, 1277년에는 성구실의 제단이 축성되었다. 1288년에는 쾰른이 신성로마제국의 자유도시로 격상되자 성당의 지위도 명목상으로나마 대성당으로 격상되었다.

성당의 창문에는 스테인드글라스로 화려함을 더했다. 스테인드글라스에는 그 화려함으로 아름다움을 배가시키자는 목적도 있었지만 본래 글을 읽지 못하는 사람들에게 그림으로 성경을 가르쳐주기 위한 목적이 있었다. 쾰른 대성당의 그것도 마찬가지였다. 세상의 창조와 아담과 이브의 탄생을 비롯해서 예수 탄생 전부터 부활까지를 담은 10장의 스테인드글라스는 문맹이 대부분이었던 시대에 최고의 배려였던 것이다.

종교적 관용의 상징

제2차 세계대전에서의 패망을 딛고 발돋움하던 시절 독일은 노동력 확보를 위해 이주노동자들을 받기 시작했다. 특히 터키 이주 노동자들이 많았는데, 이들은 이슬람교도들이었다. 하지만 당시 독일에는 그들이 기도를 할 만한 이슬람 예배 공간이 존재하지 않았다. 이에 독일은 쾰른 대성당의 북쪽 본당을 그들에게 내주었다. 덕분에 1965년 라마단의 마지막 날 400여 명의 이슬람 신자들이 쾰른 대성당 내부에 양탄자를 깔고 라마단의 끝을 축하하는 기도를 할 수 있었다. 당시 본당 주임신부는 언론을 통해 쾰른 대성당에서 다른 종교인들이 예배하는 것이 전혀 이상한 것이 아님을 강조했다.

독일을 하나로 만들다

화려함만으로 보자면 쾰른 대성당은 바티칸시국의 성 베드로 성당이나 파리의 노트르담 대성당보다 못하다. 그러나 쾰른 대성당에는 성 베드로 성당이나 노트르담 대성당에서는 찾아볼 수 없는 가치가 있다. 우선 632년이란 오랜 세월에 걸쳐 완성되었음에도 고딕 건축의 특징이 고스란히 보존되어 있다는 것이다. 또한 중세 건축가와 장인들로부터 시작된 건축이 근대 건축가와 장인에 의해 완성되었기 때문에 수백 년에 걸친 기술 전수가 완벽하게 이어졌다는 점도 놓칠 수 없는 부분이다.

하지만 눈에 보이지 않는 더 중요한 의미가 있다. 쾰른 대성당이 독일 민족의 고유한 정신을 되살렸다는 점이다. 정치적 목적이 있었다는 건 중요하지 않다. 중요한 것은 쾰른 대성당의 완공을 위해 하나로 뭉친 독일 국민들의 저력이 발휘된 소중한 유산이라는 점이다. 자신만이 소중한 오늘날, 여럿의 힘이, 여럿의 의지가 무엇을 해낼 수 있는지 말해주고 있는 듯하다.

기해두면 쓸!데 억있을걸 세계문화유산 할래, 말래?

쾰른 대성당은 현재 세계문화유산이다. 그런데 여기에는 600년이 넘었던 긴 공사기간 만큼이나 우여곡절이 있다.

일단 처음으로 세계문화유산으로 등재된 건 2004년 7월 5일이었다. 유럽의 고딕 건축의 걸작으로 인정받았던 것이다. 그런데 얼마 안 가 '위험에 처한 세계문화유산'으로 지정되는 수모를 겪었다. 쾰른시의 도시계획에 따라 성당과 라인강을 두고 마주하고 있는 지역(도이츠)이 현대식으로 탈바꿈할 것이라는 소식이 전해진 때문이었다.

그런데 2005년 남아프리카공화국 더반에서 열린 유네스코 정례회담에서 위험이 제거되었다는 이유로 '위험에 처한 세계문화유산'이라는 굴레를 벗었다. 다만, 유네스코의 독일 사무국은 2005년 말까지 도이츠 지역에 녹지를 더 늘리라고 권고했다.

그러나 녹지는 조성되지 않았고, 쾰른시의 도시계획은 차근차근 진행되었으며, 새로운 공사계획들까지 계획되었다. 그러자 다음 해 유네스코 국제위원회는 도시계획이 지속되면 결국 쾰른 대성당을 세계문화유산 목록에서 제외하겠다고 경고했다.

쾰른시로서는 발등에 불이 떨어졌다. 결국 건설계획은 대대적으로 변경되었다. 쾰른 대성당을 중심으로 엄격한 고도제한이 시행된 것이다. 문화유산을 존속할 것인가, 새로운 변화를 받아들여야 하는가와의 줄다리기에서 전자가 승리한 것이다.

경제논리와 개발논리에 밀려 아름다웠던 4대강이 파헤쳐지고 국립공원 밑으로 터널이 뚫리고 전각 위로 고층빌딩의 그림자가 드리워지는 우리의 현실과 비교했을 때 조금 씁쓸해지는 건 어쩔 수가 없다.

1 그리스 아테네 파르테논
2 영국 런던 런던 탑
3 이탈리아 피사 두오모 광장
4 포르투갈 리스보아 옛 증권거래소
5 프랑스 가르 가르 다리
6 루마니아 마라무레슈 목조 교회
7 체코 트레빅 성 프로코피오 교회
8 에스파냐 바르셀로나 사그라다 파밀리아 성당

유럽의 주요 세계문화유산

천사가 설계한 신성한 공간

— 판테온 Pàntheon

로마 건축사상 불후의 명작이라고 평가받는 유산이 있다. 120년경 하드리아누스 황제 때 시작하여 안토니우스 피우스 황제 때 완성된 판테온이다. 모든 고대 로마 건축물 가운데서도 그렇고 전 세계를 통틀어 당대 건물 가운데서도 가장 보존 상태가 좋을 뿐만 아니라 종교적인 시설로 쭉 사용되어 왔다는 점도 놀랍다. 물론 7세기 이후부터는 로마의 신을 위한 신전이 아니라 로마 가톨릭교회의 성당으로 사용되기는 했지만….

아그리파의 판테온에서 하드리아누스의 판테온으로

지금의 판테온이 판테온이라는 이름을 가진 첫 번째 존재는 아니었다. 기원전 25년에 아그리파가 세운 판테온도 있었다. 그것도 바로 지금 그 자리에. 클레오파트라와 손을 잡은 안토니우스와 카이사르의 양자였던 옥타비아누스 간의 패권싸움에서 옥타비아누스 군대의 지휘관으로 악티움 해전(BC.31)을 승리로 이끌었던 마르쿠스 빕사니우스 아그리파가 집정관으로서 로마의 모든 신들을 모시기 위해 신전을 세웠다.

이탈리아 로마 / 116~126년경
?
하드리아누스 황제 / 고대 로마제국

아그리파는 로마제국의 2인자였다. 옥타비아누스가 아우구스투스 황제가 되는 데 최고의 조력자였기 때문이다. 그런 그가 신전을 건설한 이유는 뭘까? 이전의 로마는 원로원과 집정관 등 귀족들이 이끄는 공화정의 정치형태를 가지고 있었고, 카이사르와 옥타비아누스를 거치면서 황제에게 권력이 집중되는 제정으로 바뀌게 된다. 그리고 그 제정로마의 초대 황제가 과거 옥타비아누스라는 이름으로 살았던 아우구스투스 황제다.

변화된 정치형태를 지켜내려면 국민들의 호응이 필요한 법이다. 아우구스투스 황제나 아그리파도 마찬가지였다. 그리고 정치적이든 종교적이든 제정로마가 품어 안을 것이라는 선포가 필요했다. 판테온은 바로 이러한 제정로마의 필요에 부응하는 상징이었다. 하지만 아그리파의 판테온은 서기 80년에 로마에 일어난 대화재 때 다른 건물과 함께 불타 사라지고 만다. 대신 그리스 문화를 아꼈던 국제적인 황제 하드리아누스의 판테온이 바로 그 자리에 재건되었다.

아그리파

로마제국이 실천한 관용의 상징

판테온은 로마제국이 실천한 관용의 상징이기도 했다. 로마제국은 조그만 도시국가에서 출발해 유럽·아시아·아프리카 세 대륙에 걸쳐 대제국을 건설했고, 무려 1,000년 이상 왕성한 활동력을 유지했다. 이토록 긴 생명력의 원천에는 '관용의 정신'이 있었다. 로마제국은 정복한 지역의 관습, 제도, 인재는 물론이고 종교까지 포용했다. 자신들의 종교를 강요하지도 않았고, 그들의 관습이나 문화를 없애려고 하지도 않았다. 그냥 있는 그대로 포용했고, 받아주었다. 이러한 관용이 로마제국에 새로운 생명력을 끊임없이 불어넣어 주었던 것이다.

특히 종교적으로 관대했다. 로마인들 역시 다신교였기 때문에 다른 신을 받아들이는 게 어렵지 않았다. 그들에게는 이미 많은 신이 있었다. 그리고 그 수는 정복전쟁에서 승리하면 할수록 늘어났다. 한때 신이라는 지위를 가진 존재가 30만을 헤아렸을 정도다. 그중에는 로마인이 보지도 듣지도 못한 잡신들도 있었다. 하지만 판테온은 그 모든 신들을 받아들였고, 그들을 믿는 모든 신도들을 품어 안았다. 그리스어 '판테이온'에서 유래한 '판테온'이란 그 명칭이 이미 "모든 신을 위한 신전"이었던 것처럼 말이다. 이런 판테온의 재건은 하드리아누스 황제에게도 로마의 관용의 정신을 전 세계에 선포한다는 의미로 작용했다.

그리스 수학과 로마 공학이 이룬 기적

하드리아누스 황제는 건축가를 자처할 만큼 건축에 조예가 깊었다고 한다. 그런 그가 꿈꾼 판테온은 목재를 전혀 사용하지 않은 완벽한 원형의 돔이었다. 그러기 위해서 먼저 나무와 벽돌로 형틀을 만들었고, 그 위에 콘크리트를 부었다. 그래서인지 높이 43.3미터에 달하는 판테온 내부에는 기둥이 하나도 없다. 반원형 지붕과 아치의 원리를 이용해 오직 벽만으로 건물을 지탱하고 있을 뿐이다. 고도의 수학과 기하학적으로 완전한 비례가 이루어지지 않고는 불가능한 일이다.

그리고 반원형 천장에는 둥근 창이 뚫려 있다. 창의 지름이 9미터나 된다. 기본적으로 채광창 구실을 하는데, 자연채광만으로도 조명이 가능하다. 비가 내릴 때는 천장의 구멍으로 비가 들이치기는 하지만 그리 많은 양은 아니다. 내부의 온도가 상승하면서 들이치는 비를 밖으로 밀어내기 때문이다. 미처 밀어내지 못한 빗물이 바닥에 떨어진다 해도 걱정할 것은 없다. 미세하게 뚫어 놓은 대리석 바닥의 배수 구멍으로 모두 빠져나가게 되어 있으니까 말이다. 그뿐이 아니다. 창으로 쏟아지는 햇살은 신전으로서의 신비한 분위기를 자아내는 역할을 톡톡히 한다.

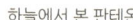

하늘에서 본 판테온

1 판테온의 천장
2 판테온의 내부
3 조반니 파올로 파니니의 그림 '판테온의 내부'(18세기)

1 두오모 성당, 이탈리아 피렌체
2 영웅들의 판테온(국립묘지), 파라과이 아순시온
3 성 베드로 대성당, 바티칸시국
4 국립 판테온(국립묘지), 베네수엘라 카라카스
5 국립 판테온(산타 앵그라시아 성당), 포르투갈 리스보아
6 팡테옹, 프랑스 파리

2부 건축으로 읽는 역사

판테온의 후예들

판테온은 서양 건축에 매우 큰 영향을 줬다. 서양의 돔은 어쩌면 모두가 판테온의 영향을 받았다고 해도 과언이 아니다. 르네상스 최고의 건축가로 평가받는 피렌체의 브루넬레스키는 판테온의 놀라운 건축방식을 통해 피렌체의 두오모를 완성시켰고, 판테온을 '천사의 설계'라고 극찬한 미켈란젤로도 판테온의 건축원리를 연구하여 성 베드로 대성당의 돔을 완성시켰다. 프랑스의 루이 15세도 자신의 병이 나은 것을 자축하기 위해 판테온을 그대로 모방한 팡테옹(Le Panthéon)을 건설했다.

그 외에도 유럽 도시 곳곳과 남미 여러 나라의 수도에는 판테온이라는 이름을 가진 공공건축물이 있고, 그것은 그 나라 위인들의 공식적인 묘로 사용되고 있다. 건축양식뿐만 아니라 이름에서도 서양 공공건축물의 대명사가 된 것이다.

로마, 공화정에서 제정으로

아우구스투스 황제 이전 로마의 정치제도는 공화정이었다. 기원전 510년경 왕정을 폐지하고 이후 450여 년간 로마를 이끌었던 공화정은 권력의 분리·견제와 균형 원칙에 중점을 둔 복합적인 정치체제였다. '공화정'은 'Res Publica'의 번역어로서 '공공의 것' 혹은 '공동의 부', 즉 공적 문제와 공동의 재산을 가리키는 말이다. 그러나 로마의 정치는 민주주의와는 거리가 멀었다. 귀족들이 통치행위를 균등하게 분담하되, 다만 귀족 계층이 권력을 전횡하지 못하게 억제하는 법과 제도를 두는 형태였다. 과두정의 성격이 강했던 것이다.

그러다 기원전 60년에 폼페이우스와 카이사르, 크라수스 세 사람의 삼두정치를 거치면서 귀족 및 원로원과 결탁한 폼페이우스와 갈리아 속주의 총독으로 9년간 갈리아(갈리아 전쟁)를 정복한 카이사르 간에 내전이 일어났다. 승리는 루비콘강을 건너 로마를 장악한 카이사르의 것이었다. 그러나 키케로를 비롯한 공화파 귀족들은 권력이 카이사르에게 집중되는 것을 우려한 나머지 브루투스를 꾀어 카이사르를 암살해버렸다.

이런 때에 원로원의 눈에 띈 이가 바로 카이사르의 양자이자 악티온 해전에서 승리함으로써 국민적 영웅이 된 옥타비아누스였다. 그는 로마공화정을 부활시키고 정치적 권한을 원로원에게 내주었다. 외관상으로는 정치에 무관심한 모습을 취한 것이다. 심지어 기원전 27년에는 평범한 시민으로 돌아가겠다면서 자신이 누리고 있던 특수한 권력들에 대한 포기를 선언했다. 물론 배후에서는 서로 다른 당파들을 교묘하게 이용하고 있었지만 말이다. 하지만 원로원은 그의 속내를 제대로 파악하지 못했다. 그래서 옥타비아누스에게 '존엄자(아우구스투스)'라는 칭호를 주고 평생 동안 권력을 갖도록 모든 것을 내주고 말았다. '원수정'이 시작된 것이다.

원로원에서 연설하고 있는 키케로를 표현한 프레스코화(19세기)

빈첸초 카무치니의 '카이사르의 죽음'(1805)

원수정에서 아우구스투스는 모든 속주의 주인이 되었다. 그 결과 속주 반란을 막기 위해 대부분의 속주에 배치되어 있던 로마군의 지휘권이 합법적으로 그의 손아귀에 떨어졌다. 그러자 아우구스투스는 본색을 드러냈다. 그 힘으로 원로원의 결정을 억압한 것이다. 또한 군사적 수단을 사용하여 정적들을 제거하여 원로원이 자신에게 복종하게끔 만들었다. 실질적 황제가 된 것이다.

'황제'라 불러도 좋을 권력을 손에 넣었음에도 그는 평생 황제라는 칭호를 사용하지는 않았다. 또한 외관상으로나마 공화정의 형태를 유지했다. 이는 카이사르가 종신 독재관에서 만족하지 않고 황제 지위에 오르려다 암살된 것을 염두에 둔 포석이었다.

그렇다 하더라도 원수의 지위와 실권을 후임 원수에게 넘겨줄 수 있는 권한을 가진 그는 분명히 황제였다. 바로 로마가 공화정에서 제정의 시대로 접어들었다는 의미였다.

아우구스투스

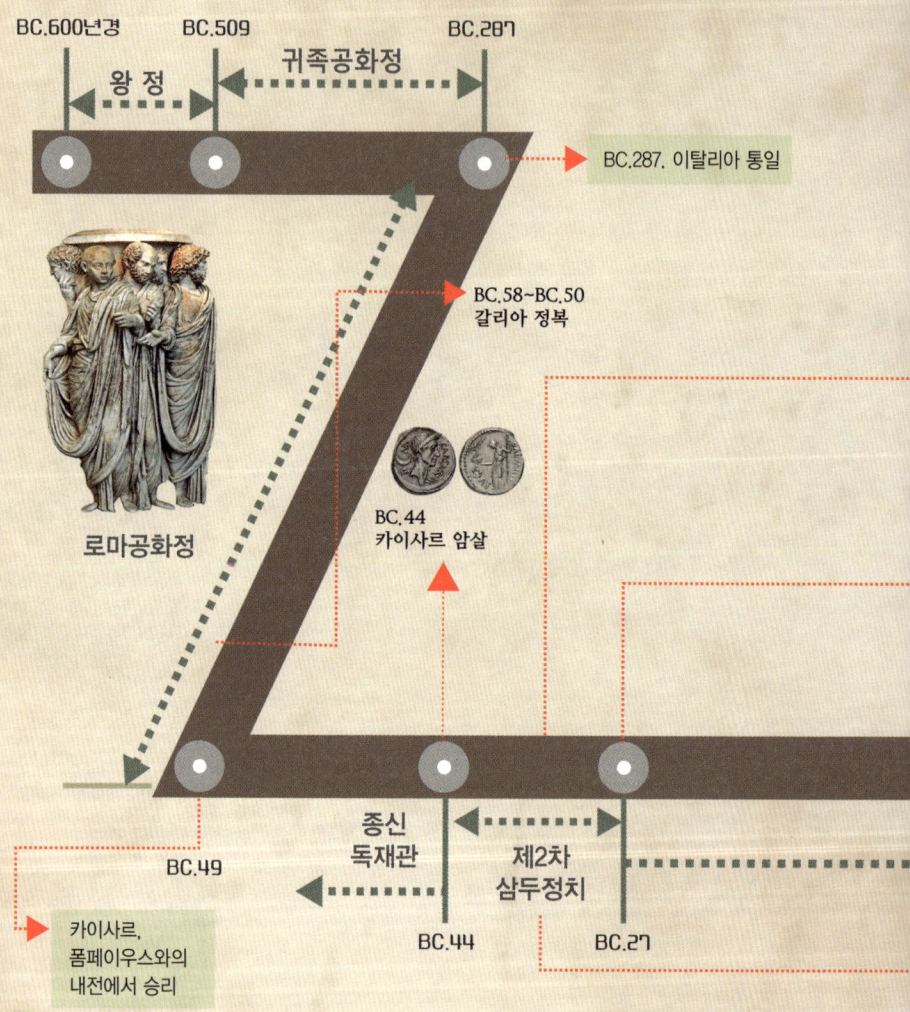

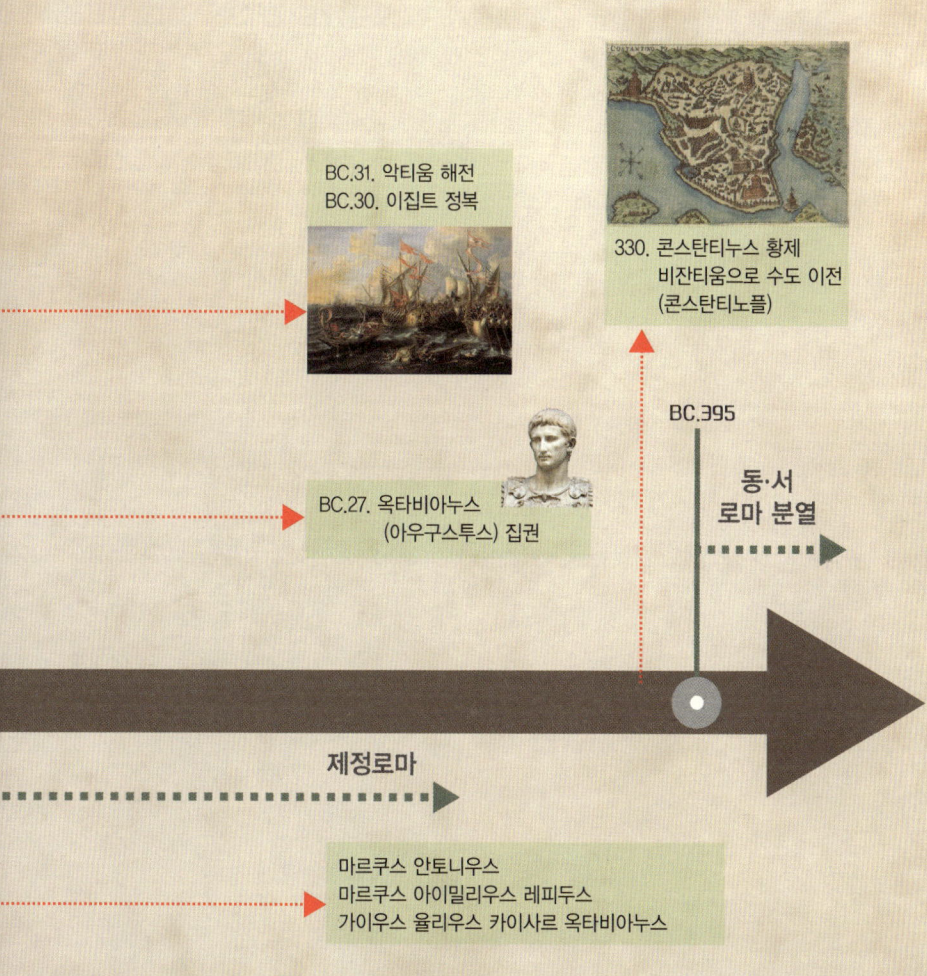

BC.31. 악티움 해전
BC.30. 이집트 정복

330. 콘스탄티누스 황제
비잔티움으로 수도 이전
(콘스탄티노플)

BC.27. 옥타비아누스
(아우구스투스) 집권

BC.395

동·서
로마 분열

제정로마

마르쿠스 안토니우스
마르쿠스 아이밀리우스 레피두스
가이우스 율리우스 카이사르 옥타비아누스

미얀마는 흔히 황금의 땅이라고 불린다. 어디를 가나 높게 솟아 있는 황금색 파고다 때문이다. 양곤 시내도 마찬가지다. 그중에서도 양곤 어디에서나 보이는 파고다가 있다. 바로 슈에다곤이다.

미얀마 양곤 / ?~1453년
?
오깔라파 왕 / 페구 왕조

석가모니 생전 유일한
황금의 언덕

– 슈에다곤 불탑 Shwedagon paya

밤을 밝히는 황금의 언덕

'슈에(Shwe)'는 미얀마어로 '황금(Gold)'이고, '다곤(Dagon)'은 '언덕'이다. 즉, 슈에다곤은 우리말로 하면 '황금의 언덕'이 된다. 또 '파야(Paya)'는 영어의 '파고다(Pagoda)'에 해당하는 말로 '제디(Zedi, 탑)'로도 불리며 산스크리트어로는 '스투파(Stupa)'라고 한다. 부처나 제자들의 유골, 유품, 경전, 불상 등을 모신 탑이다. 서양에서 불교의 탑을 일컫는 말인 셈이다. 우리식으로 종합하면 슈에다곤은 우리 사찰에 있는 불탑쯤되겠다. 물론 그 형태는 다르지만 말이다.

불탑이라 함은 부처의 유골이나 유품 등을 모셔 두고 공양하기 위해 높게 만든 건조물을 말한다. 경주 불국사의 석가탑 보수작업 때 탑 내부에서 우리나라 최초의 목판인쇄본 '무구정광대다라니경'이 발견된 이유다. 그런 의미에서 불탑은 매우 존귀한 존재다. 그래서 절의 중심부, 곧 법당 앞에 세우고 공양의 중심으로 삼아왔다. 석가모니가 세상을 떠난 후 석가모니의 사리를 똑같이 여덟 개씩 나누어 인도 전역에 각기 탑을 세워 안치한 것이 탑의 시초라고 게 정설이다. 우리나라도 삼국시대부터 건립했다.

문화와 지역 따라 서로 다른 얼굴로

애초에 불탑은 부처의 유골(사리) 등을 묻고 그 위에 돌이나 흙을 높이 쌓은 무덤의 형태였다고 한다. 그러다 각 나라의 문화와 소재의 영향을 받아 다양한 형태와 재질로 만들어졌다. 흙이 많은 곳에서는 흙으로 구운 벽돌로 만든 전탑이, 돌이 많은 곳에서는 석탑이, 나무가 많은 곳에서는 목탑이, 광물이 많이 나오는 곳에는 철탑이나 청동탑이 나타났다.

그런데 슈에다곤은 기존 불탑의 기원을 무시하는 역사를 지니고 있다. 석

1 중국 법문사 전탑
2 경주 불국사 석가탑(석탑)
3 일본 호류지(法隆寺) 오층목탑
4 태국 왓 프라깨오(철탑)

가모니가 살아 있을 때 만들어졌다는 것이다. 무려 2,500년 전에 말이다. 물론 고고학자들은 사실상 6~10세기 사이 몬족에 의해 건축됐다고 주장하고 있기는 하다. 하지만 전설과 함께 전해진 승려의 기록에는 석가모니가 인간으로서의 생을 마치기 전인 기원전 486년에 건축되었다고 되어 있다. 사실 기원전이든 기원후이든 상관은 없다. 그 아름다운 모습으로 적어도 1,500년이란 긴 세월을 견뎌온 것만큼은 사실이니까.

살아 있는 석가모니의 머리카락을 품다

오랜 역사에 걸맞게 슈에다곤에는 전설이 있다. 전설은 2,500년 전 석가모니가 아직 인간으로서 살아 있던 때로 거슬러 올라간다. 인도의 부다가야로 장사를 하러 갔던 미얀마 상인 타푸샤와 발라카가 보리수 아래에서 석가모니를 만났다. 두 상인은 그 자리에서 불교에 귀의하고 석가모니에게 벌꿀을 공양했고, 여덟 개의 석가모니 머리카락을 받게 되었다. 그러나 기쁨도 잠시, 상인들은 미얀마로 돌아오던 중 다른 나라의 왕에게 그중 몇 개를 빼앗기고 말았다. 결국 당시 미얀마의 왕이었던 오깔라파에게 바칠 수 있었던 것은 몇 개 남지 않은 머리카락뿐이었다.

그런데 오깔라파 왕이 머리카락이 든 상자를 연 순간 기적이 일어났다. 애초 석가모니에게 받은 여덟 개가 온전히 남아 있었던 것이다. 그뿐이 아니었다. 상자를 연 그 순간 천둥과 번개가 치더니 보지 못했던 이들이 보게 되고 듣지 못했던 이들이 듣게 되었으며 말을 하지 못했던 이들이 말을 하게 되었다. 또 땅이 흔들리고 바람이 불며 산이 흔들리더니 하늘에서 보석이 우박처럼 쏟아져 무릎까지 찼으며, 계절이 아닌 꽃이 피고 열매가 맺기까지 했다. 오깔라파 왕은 이 기적을 가벼이 여길 수 없었다. 그래서 석가모니의 머리카락을 모시기 위한 불탑을 세웠다. 물론 지금의 모습과 같았는지는 알 수 없다. 여러 차례 지진으로 재건 및 보수 공사를 거듭했고, 18세기 후반에 이르러서야 지금의 모습을 갖추게 되었다고 하니까 말이다.

숫자로 알 수 있는 웅장함

탑은 60미터 높이 정도의 인공언덕 위에 있다. 때문에 전체 높이가 99.36미터에 이른다. 그럼 왜 인공언덕을 만들어야 했을까? 우러러보기 위해서? 그것도 생각해볼 만한 이유다. 하지만 그보다는 홍수나 침수로부터 탑을 보호하기 위한 궁여지책이었다는 데 무게가 더 실린다. 미얀마는 우기에 4,000밀리미터 정도의 많은 비가 내리기 때문이다. 또 슈에다곤 사원의 면적도 약 1만 평 정도나 된다. 그 넓은 황금의 언덕에는 탑을 중심으로 빙 돌아가면서 작은 탑과 사원, 불상들이 모셔져 있다.

또 불탑의 전체 표면을 둘러싼 금박의 총량이 10톤 이상이나 된다. 금액으로 따지면 제국주의 시대 영국이 보유하고 있던 돈의 총액을 넘는다. 또 불탑 상부에 묻혀 있는 다이아몬드는 2,000캐럿을 웃돌고, 그 외 루비나 사파이어 등의 보석도 함께 묻혀 있다. 이것을 돈으로 환산하면 미얀마 전 국민을 30년 동안 먹여 살릴 수 있을 정도의 액수가 된다는 말도 있다.

더 놀라운 것은 엄청난 양의 금과 보석이 국가권력에 의해 강제로 거두어진 것이 아니라 국민들의 자발적 기부에 의해서 조달되어왔다는 점이다. 정성만으로 이만큼 압도적인 존재감을 드러내는 건축물이 세워진 것은 전 세계에서도 흔치 않다. 불교에 대한 미얀마 사람들의 범상치 않은 믿음을 짐작케 한다.

2부 건축으로 읽는 역사

미얀마인들의 마음의 성지

미얀마 양곤에서는 내가 어디에 있든 슈에다곤이 보인다. 그러다 보니 침략자의 눈에도 좋은 표적일 수밖에 없었다. 제1차 영국-미얀마 전쟁 중이던 1824년부터는 영국군의 기지로 이용되었고, 1852년부터 무려 77년 동안에는 영국군의 요새로 사용되기도 했다. 1931년에는 큰 화마를 만나 재기에 의혹이 제기될 만큼 훼손을 입기도 했다. 하지만 슈에다곤은 정부의 노력과 국민들의 뜨거운 정성과 성원에 힘입어 또 다시 일어섰다.

험난한 역사를 거쳐온 슈에다곤은 미얀마 사람들에게는 생전에 한 번은 꼭 방문해야 하는 성지다. 이슬람교도들에게 메카처럼 말이다. 먀얀마 사람들은 슈에다곤 경내에 있는 다섯 그루의 보리수나무 앞에서 마치 석가모니에게 그러하듯 간절한 마음을 담아 합장을 한다. 슈에다곤은 미얀마 사람들의 마음의 고향으로서 푸근한 안식처 역할을 하며 오늘도 그 가치를 이어가고 있다.

기억해두면 쓸!데 있을걸 — 로힝자족 문제에 영국은 자유로울 수 없다

2016년부터 신문의 국제 면에는 '미얀마군의 로힝자족 탄압'이 보도되고 있다. 2016년 10월 6일부터 군인들에 의해 무차별적인 다중살인과 집단성폭행이 저질러졌다는 것이다. 그런데 로힝자족에 대한 탄압은 어제오늘의 일이 아니다.

로힝자(Rohingya)족은 방글라데시와 국경을 맞대고 있는 미얀마 서부 라카인주의 북부에 거주하는 소수민족으로 부족 전체가 이슬람교를 믿고 있다. 이상하다. 전통적으로 불교국가인 미얀마에 이슬람교도들이라니 말이다. 그 이유는 역사에서 찾을 수 있다.

애초에 이들은 이 지역에 살지 않았다. 이들은 미얀마가 영국의 식민지배를 받던 1823년 영국에 의해 강제이주된 방글라데시 이주민들의 후손들이다. 영국은 식민지배를 공고히 하기 위해 로힝자족을 이용했다. 먼저 이 지역에 식민지 식량기지를 구축한다는 계획 아래 미얀마인들이 소유하고 있던 토지를 수탈했다. 그리고 방글라데시에서 이주시킨 로힝자족에게 토지를 주고 미얀마인들을 소작농으로 부려 관리하게 했다. 로힝자족을 준지배계층으로 등용한 것이다. 이른바 분리통치다. 언어, 인종, 종교, 이념 등이 다른 부족들을 강제로 병합, 분리해서 적대감을 키운 후 서로가 싸우게 하여 약해진 양쪽을 적은 힘으로 제압하는 것이다. 서구 및 일본 등의 제국주의 열강들이 식민지에 가했던 가장 악랄한 통치방법이다.

애초에 종교적으로도 동화될 수 없었고, 심지어 영국에 이용되기는 했다 하더라도 미얀마인들에게는 로힝자족도 식민수탈의 공범이었다. 때문에 1948년 미얀마가 영국으로부터 독립하자 미얀마 정부는 로힝자족을 공개적으로 탄압했다. 현재도 시민권을 부여하지 않고 불법체류자로 대하고 있으며, 개종 강요·토지 몰수·강제 노동·이동 및 결혼의 자유 박탈 등의 각종 탄압조치를 가하고 있다.

결국 그 시작에는 이 두 집단 외에 식민지 수탈과 분리통치로 이간질한 제국주의 열강이 있었던 것이다.

방글라데시로 탈출하는 로힝자족 난민의 행렬이 오늘도 이어지고 있다.

미얀마와 '영국-미얀마 전쟁(Anglo-Burmese Wars)'

미얀마는 버마족, 샨족, 카렌족, 친족, 카친족, 몬족 등 소수민족으로 구성된 다민족국가다. 과거 미얀마 남쪽은 몬족이, 북쪽은 퓨족이 도시국가를 형성하고 해상교역을 하며 발전했는데 9세기에 중국 남조에 멸망당했다. 이후 남쪽 버마족이 바간 왕조를 수립했지만 다시 13세기에 몽골의 침공으로 멸망하고 만다.

이후 버마족에 의한 다웅우 왕조가 세워졌고, 이는 18세기 중엽의 꼰바웅 왕조로 이어진다. 그러나 18세기는 서구의 침략이 이어지던 때였다. 꼰바웅 왕조도 강력한 제국주의 영국의 침략을 받았다. 그렇게 해서 시작된 것이 바로 '영국-미얀마 전쟁'이다. 전쟁은 총 세 차례에 걸쳐 전개되었고, 그 결과 미얀마는 영국의 식민지가 되고 말았다.

제2차 세계대전 때에는 4년간 일본군에 점령되어 학살의 참화를 겪기도 했다. 그러다 1947년 팡롱조약에 따라 자치공화국을 승격되었고, 1948년 1월 4일 마침내 독립하여 버마연방을 성립했다.

한편 버마연방을 이끌던 군사정권은 '버마'가 영국 식민지 시대의 잔재이면서 버마족 외 다른 민족을 포함하지 못한다는 이유로 '135개의 소수민족'을 아우르는 명칭 '미얀마'로 국호를 변경했다. 하지만 민주화운동을 이끌고 있는 활동가들은 아직도 버마를 고집하고 있으며, 미국·영국 등도 반체제인사를 예우하는 차원에서 버마라고 부르고 있다.

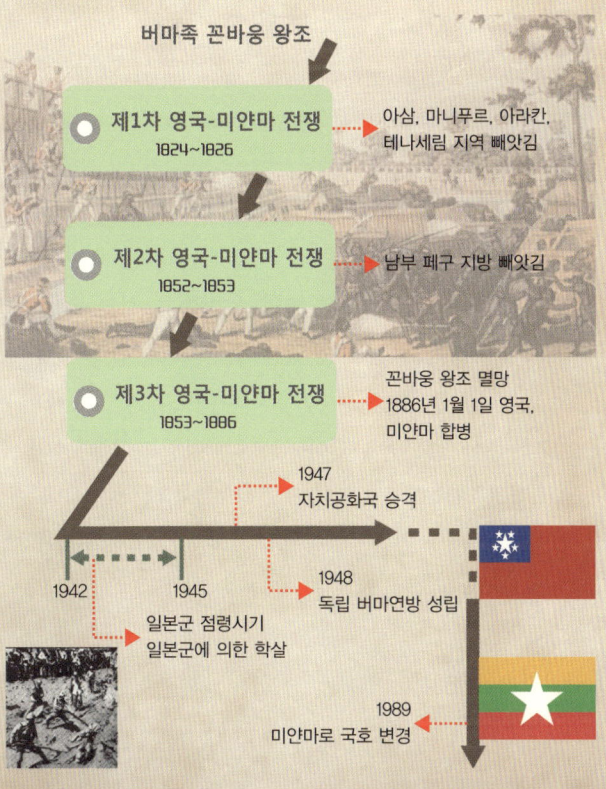

르네상스의 불길을 당기다

— 산타 마리아 델 피오레 대성당 Cattedrale di Santa Maria del Fiore

토스카나 지방의 중심도시 피렌체는 흔히 '꽃의 도시'라고도 불린다. 도시 건축물이 온통 붉은색이어서 석양이 내릴 때 가장 아름다운 도시로 화려한 변신을 하기 때문이다. 소설 《냉정과 열정 사이》의 배경이 되면서 '사랑의 도시'라는 이미지가 더 강하기는 하지만….

지워지지 않는 영광과 역사

르네상스 문화의 중심지였던 피렌체는 로마에 이어 두 번째로 많은 유적을 보유하고 있다. 피렌체의 유적들은 시뇨리아 광장을 중심으로 사방 1킬로 키터 안에 밀집되어 있는데, 이토록 좁은 공간에 많은 박물관과 유적들이 몰려 있는 곳은 전 세계 어디에도 없다. 역사지구 전체가 유네스코 세계문화유산으로 등재되어 있으니 '이탈리아 예술의 수도'라는 피렌체의 별칭이 결코 과하다고 할 수도 없다. 그런데 유적들 중에서도 가장 높고 가장 웅장해 시선을 끄는 것이 있다. 바로 '산타 마리아 델 피오레', 일명 두오모 성당이다.

이탈리아 피렌체 / 1296~1463년
캄비오, 조토, 피사노, 브루넬레스키
메디치 가문 / 르네상스 피렌체 공국

르네상스 양식의 상징

두오모 성당은 세계에서 네 번째로 큰 성당이다. 이탈리아 피렌체의 건축물 가운데 가장 높고 웅장하다. 106미터의 주황색 돔, 외관의 아름다운 색깔들과 내부의 대리석 장식들은 보는 사람들의 탄성을 자아내기에 충분하다. 100년이 넘는 긴 세월에 걸친 공사 끝에 완공되었는데, 수용 인원 3만 명에 463개의 층계를 올라야 옥상에 닿을 수 있을 정도의 거대한 규모를 자랑한다. 외관도 색색의 대리석을 자로 재 자른 듯 정교하고 화려하다. 당대 최고 건축가와 예술가들의 손을 거쳐 현재의 모습을 갖추게 되었다는 설명에 저절로 고개를 끄덕이게 된다.

로마네스크와 고딕 등 고대 로마의 건축양식이 혼합된 두오모 성당은 르네상스 양식을 상징하는 건축물이다. 대성당에서 가장 높은 8각형의 돔은 로마 판테온을 모방해 건축했는데, 지름이 45미터로 바티칸시국의 성 베드로 대성당 돔과 쌍벽을 이룬다. 외관만이 아니다. 실내에 장식된 여러 예술품들도 어마어마하다. 바사리와 주카리가 그린 천장의 프레스코화 '최후의 심판'과 미켈란젤로의 피에타 중 하나가 그것이다. 이런 작품들을 통해 우리는 피렌체가 르네상스의 출발점임을 깨닫게 된다.

성당의 정문(왼쪽)과
르네상스 미술의 선구자이자 건축가인
조토가 건축한 '조토의 종탑'

천장의 프레스코화 '최후의 심판'

성당의 건립과 도시의 번영

두오모 성당의 건립은 인구가 급증하던 피렌체의 번영과 맞물려 있다. 오랜 세월을 버티면서 조금씩 무너지고 있던 산타 레파라타 성당 대신 피렌체에는 그 번성에 걸맞은, 세인트 폴 대성당·세비야 대성당·밀라노 대성당 등과 맞먹는 규모의 성당이 필요했다. 새 성당은 아르놀포 디 캄비오의 설계로 1296년에 공사에 들어가 140년 후인 1436년에야 완공되었다. 이 거대한 구조물은 약 400만 개의 벽돌이 들어가 무게가 3만 7,000톤에 이른다.

한편 대성당의 거대한 돔을 설계한 건축가는 메디치 가문의 후원을 받은 브루넬레스키였다. 그는 로마의 판테온 신전의 돔에서 영감을 받아 돔을 완성했다. 두오모 성당의 돔은 미켈란젤로가 설계한 바티칸시국의 성 베드로 대성당의 돔이 완성될 때까지 세계에서 가장 큰 규모였다.

예술과 문화의 든든한 후원자

피렌체가 이탈리아 르네상스의 중심지로 예술과 문화의 꽃을 피울 수 있었던 데는 메디치 가문의 후원이 있었다. 금융업을 통해 축적한 부를 기반으로 피렌체에서 영향력까지 행사했던 메디치 가문은 자신들의 재력을 문화와 예술을 후원하는 데 활용했다. 라파엘로, 미켈란젤로, 레오나르도 다 빈치, 단테, 보티첼리 등 쟁쟁한 거장들도 메디치 가문의 후원 덕분에 피렌체에서 작품 활동을 할 수 있었다고 한다.

브루넬레스키도 마찬가지였다. 그는 메디치 가문의 후원 덕분에 발판 없이 스스로 지탱되는 혁신적인 설계를 갖춘 두오모 성당의 돔을 제작할 수 있었다. 역사에서 르네상스는 시대의 큰 흐름이었다. 브루넬레스키가 이 돔 하나를 만들었다고 해서 갑자기 건축에 르네상스 양식이 태어난 것은 아니지만, 이것이 하나의 중요한 전환점이 된 것만은 분명하다.

왼쪽 위부터 시계 방향으로 라파엘로, 미켈란젤로, 단테

메디치 가문과 피렌체

메디치 가문은 13세기부터 17세기까지 피렌체를 사실상 지배하면서 르네상스 시대의 문화와 예술을 경제적으로 지원한 가문이다.

이 가문에 대한 역사적 기록은 13세기에 처음 나타난다. 처음에는 시민계급으로서 모직물 교역을 통해 경제력을 키워나갔다. 그러다 제조업에 손을 뻗어 막대한 부를 축적했고, 이를 바탕으로 메디치 은행을 설립하면서 사실상 피렌체 경제를 장악·주도했다. 당시 피렌체 인구의 절반 이상이 메디치 가문이 경영하는 곳에서 일을 했을 정도다.

메디치 가문의 문장

경제를 좌우하는 막대한 부의 힘은 정치적 힘으로 이어지기 마련이다. 메디치 가문도 마찬가지였다. 제조업과 금융업으로 피렌체 경제의 주인이 된 메디치 가문은 1434년 피렌체 공화국의 비공식적인 지도자로서의 위치를 확보하면서 경제를 넘어 정치적으로까지 그 힘과 권위를 인정받고 피렌체 공국의 사실상 주인으로 자리 잡았다.

그런데 메디치 가문에 주목해야 하는 보다 중요한 이유가 있다. 그들이 예술과 문화, 그리고 교회를 후원하면서 르네상스를 탄생시키고 발전을 이끌어냈다는 것이다. 피렌체를 대표하는 역사적 건축물들이 그들의 돈으로 건설되었고, 그 건물 내부를 장식한 벽화와 조각 또한 그들의 돈으로 완성되었다. 미켈란젤로, 라파엘로의 대작들이 있을 수 있었던 것도 모두 다 메디치 가문의 후원 덕분이었고, 지구와 우주에 집중했던 갈릴레이의 뒤에도 메디치 가문이 있었다. 〈군주론〉의 마키아벨리도 이 가문의 후원으로 성장했다.

피에로 데 메디치의 가족을 모델로 한
산드로 보티첼리의 '마니피캇의 성모'(1483)

메디치 가문 주요 인물을 곳곳에 배치한
베노초 고촐리의 '동방박사들의 행렬'(1459)

2부 건축으로 읽는 역사

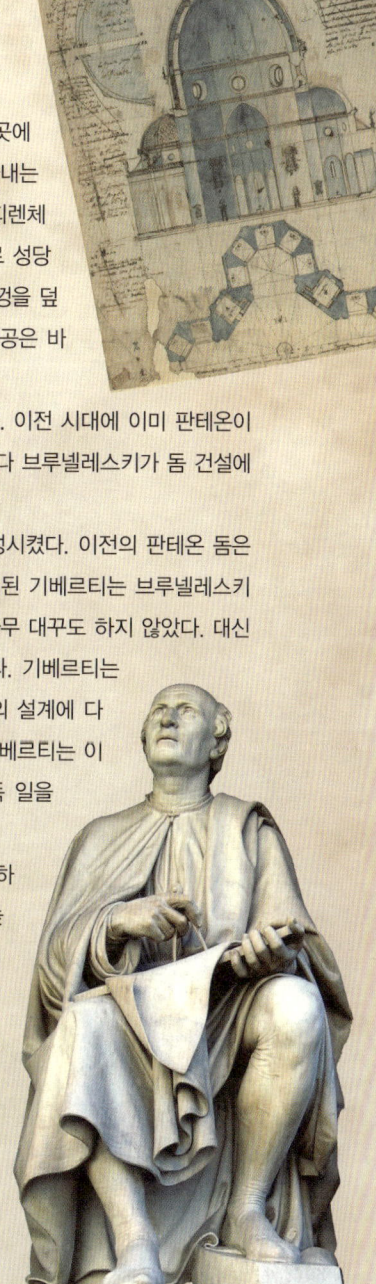

브루넬레스키의 설계도

쿠폴라와 브루넬레스키

피렌체 산타 마리아 델 피오레 대성당과 광장을 두고 마주한 곳에 하늘을 진지한 얼굴로 쳐다보고 있는 사내의 석상이 있다. 사내는 특이하게도 컴퍼스를 쥐고 있다. 석상의 시선을 따라가 보면 피렌체 산타 마리아 델 피오레 대성당의 쿠폴라가 눈에 들어온다. 바로 성당의 상징과도 같은 지붕 격의 둥근 돔이다. 그제야 "내가 저 뚜껑을 덮었다"라는 석상 아래 새겨진 문구가 이해가 된다. 석상의 주인공은 바로 브루넬레스키다.

산타 마리아 델 피오레 대성당은 돔이 없는 상태로 완공되었다. 이전 시대에 이미 판테온이 건설되어 있었지만 돔은 아무래도 힘든 공사였던 것이다. 그러다 브루넬레스키가 돔 건설에 참여했다. 성당 착공 124년 뒤인 1420년의 일이었다.

그런데 브루넬레스키는 지지구조 없는 이중구조로 설계를 완성시켰다. 이전의 판테온 돔은 나무구조물로 받침 위에 올려놓은 구조였다. 이에 조수로 임명된 기베르티는 브루넬레스키의 구상이 말도 안 된다며 반대하고 나섰다. 브루넬레스키는 아무 대꾸도 하지 않았다. 대신 아프다면서 기베르티에게 공사를 떠맡긴 후 로마로 떠나버렸다. 기베르티는 쾌재를 불렀다. 브루넬레스키의 엉터리 설계를 뒤엎고 자신만의 설계에 따라 공사를 진행시키겠다고 공언했다. 그러나 얼마 가지 않아 기베르티는 이내 돔 건설에 이 자기 능력을 벗어난다는 것을 깨달았고, 감독 일을 그만둬버렸다.

그러자 브루넬레스키가 돌아왔다. 그는 현장을 확실하게 장악하고 자신의 설계대로 공사를 진척시켰다. 그리고 마침내 지상 높이 91미터(돔 위 장식부분 랜턴까지 합치면 115미터), 지름 42미터, 벽돌이 400만 개가 넘게 들어간 무게 3만 7,000톤에 이르는 거대한 돔을 지지구조 없이 완성시켰다. 돔건축양식의 혁명이었다.

물러서지 않은 도전정신의 상징

— 에펠 탑 Tour Eiffel

프랑스 파리 / 1887~1889년
귀스타브 에펠, 에밀 누기에, 모리스 쾨클랭, 스테펭 소베스트르
프랑스 공화국

2부 건축으로 읽는 역사

파리를 여행하는 사람들이 꼭 들르는 곳이 있다. 피카소가 살았던 몽마르트 언덕이 그렇고, 영화로 유명해진 퐁네프 다리가 그러하며, 소설과 뮤지컬의 배경인 노트르담 성당이 그렇다. 하지만 이것으로 파리를 다 봤다고는 할 수 없다. 한눈에 파리를 품어 안을 수 있는 곳이 있었으면 좋겠다. 그래서 간다. 에펠 탑으로….

열강들의 자존심 싸움

19세기 중반, 유럽의 열강들은 산업혁명과 식민지 획득으로 일궈낸 자신들의 부와 진보를 뽐내기 위해 앞다투어 박람회를 개최하고 있었다. 그중에서도 영국과 프랑스의 경쟁이 가장 치열했다. 하지만 우세는 영국의 것이었다. 이런 때에 프랑스 대혁명 100주년 기념 만국박람회(1900)를 준비하고 있었던 프랑스는 이를 기념하고 대표 격으로 내세울 만한 무언가가 필요했다. 1851년 영국이 런던만국박람회에서 최고의 기술력을 동원해 수정궁을 지어 상징으로 삼았던 것처럼 말이다. 수정궁은 돌과 나무 대신 유리와 철이라는 새로운 재료를 사용했다는 점에서 독보적인 명성을 누리고 있었다.

1 영국 기술의 총화 수정궁(Crystal Palace)은 1936년 화재로 소실되었다.
2 1893년 시카고 만국박람회를 맞아 미국은 에펠 탑과 경쟁하고자 높이 80미터의 대관람차를 선보였다.

프랑스는 만국박람회를 통해 영국의 콧대를 꺾고 싶었다. 그래서 1897년에 귀스타브 에펠에게 상징물의 설계를 의뢰했다. 그는 미국과 프랑스 국민들 간의 친목을 기념하고, 미국의 독립 100주년을 기념하기 위해 프랑스 국민들의 모금 운동으로 완성·증정된 자유의 여신상의 구조를 설계한 사람이었다.

불가능에 대한 도전

에펠은 토목기사이자 투자가였으며 과학자이자 흥행가였다. 그는 81층 건물과 맞먹는 높이 324미터의 세계에서 가장 높은 건축물로 그 의도를 실현시키고자 했다. 당시 세계에서 가장 높은 건축물은 미국 워싱턴에 있는 '워싱턴 기념비'로 그 높이가 고작 169미터였다. 그러다 보니 300미터가 넘는 전대미문의 거대한 탑 건축에 의문을 갖는 사람들이 많았다. 하지만 당대 최고 교량 건설자였던 에펠의 입장은 달랐다.

워싱턴 기념비(Washington Monument)(1885)

미요교(La Viaduc de Millau)(2005)

유럽에서는 이미 산업혁명이 한창이었고, 에펠은 그 변화의 중심이 있었다. 수천 년 동안 인류를 지탱해온 목재와 석재의 시대가 저물고, 철을 중심으로 한 새로운 문명이 싹트고 있음을 누구보다도 잘 알고 있었던 것이다. 결국 에펠은 온갖 반대에도 자신의 뜻을 관철시켰고, 그리고 마침내 자신의 의도와 꿈을 현실에서 완성시켜냈다. 결과적으로 에펠 탑은 1930년 크라이슬러 빌딩이 완공되기 전까지 세계에서 가장 키가 큰 건축물이라는 명성을 유지했다. 그리고 2004년 바다에서부터 348미터 높이에 이르는 세계에서 가정 높은 다리 미요교가 완성되기 전까지 프랑스에서 가장 높은 구조물이었다.

저 흉물이 파리를 망친다

오늘날 에필탑은 파리 관광의 정점에 있다. 파리의 랜드마크로서의 역할을 하고 있는 것이다. 하지만 당시에는 거친 비난을 받았다. 눈에 거슬리고 흉물스럽다는 것이 그 이유였다. 당시 미국의 한 잡지는 "향후 20년간 우리가 도시 전체에서 보게 될 이것이 수세기에 걸쳐 내려온 도시의 미관을 위협하고 있다. 우리는 철판으로 엮인 이 역겨운 기둥의 검고 얼룩진 역겨운 그림자를 보게 될 것이다"라는 말로 비아냥거렸다. 특히 소설가 모파상은 극단적으로 에펠 탑을 싫어했다. 그런데도 그는 점심을 항상 탑 안에 있는 식당에서 해결했다. 그래서 사람들이 물었다. 에펠 탑이 싫다면서 왜 매일 에펠 탑에서 식사를 하느냐고…. 그러자 그가 답했다.

　그야 파리에서 에펠 탑을 볼 수 없는 곳이 여기뿐이니까!

2부 건축으로 읽는 역사

역사에 묻힐 뻔한 에펠 탑

비난은 파리 만국박람회가 끝나자 더욱 거세졌다. 에펠 탑의 존재 이유에는 만국박람회가 있었다. 이를 다시 말하면 만국박람회의 폐장과 함께 그 존재 이유가 사라진다는 의미가 된다. 실제로 에펠 탑이 처음 계획될 때 설치 연한을 20년으로 정해 허가가 되었고, 따라서 1909년이 되면 철거되어야 하는 운명이었다. 에펠 탑을 해체하기 위한 돈도 책정된 상태였다. 하지만 만국박람회가 끝나자마자 많은 예술인들이 들고일어났다.

> 추악한 철 덩어리가
> 예술도시 파리의 미관을 해치고
> 문화제를 파괴한다.

이때 에펠이 다시 나섰다. 탑을 과학 실험용으로 사용하겠다고 한 것이다. 특히 1903년부터 시작된 무선통신 실험이 큰 성공으로 이어짐에 따라 1909년까지 에펠 탑은 군사적 용도로 사용되었다. 또 1935년부터는 최초의 텔레비전 실험을 위한 송신 안테나로서의 역할을 하기 시작했다. 에펠 탑은 오늘까지도 그 기능을 하고 있다. 흉물이라는 멍에를 지고 사라질 뻔한 위기를 슬기롭게 벗어난 것이다.

과학과 예술을 넘어 상업시설로

에펠 탑은 현재 공학도에게는 근대 공학의 상징으로, 경영인에게는 훌륭한 상업시설로, 예술가들에게는 현대 모더니즘의 상징으로, 역사학자에게는 19세기 프랑스와 영국 간 자존심 싸움의 상징으로 간주된다. 에펠 탑에는 이처럼 많은 의미들이 공생하고 있다. 시련도 있었지만 어쨌거나 한 국가를 대표하는 건축물로 자리도 잡았다. 이쯤되면 에펠 탑을 '새로운 것을 향해 도전하는 인류의 아름다운 결과물'이라고 해도 좋지 않을까?

파리 만국박람회와 대한제국

파리 만국박람회를 맞아 에펠 탑이 준공되었던 1897년, 그해 10월 지구 반 바퀴 너머의 조선은 국호를 대한제국으로 바꿨다. 이로써 황제에 오른 고종은 이듬해 6월 13일 학부협판(지금의 법무부 차관) 민영찬을 '박물사무부원'에 임명했다. 1900년 4월 프랑스 파리에서 열리는 만국박람회 준비를 총괄하는 자리였다. 착실히 준비해 대한제국의 존재를 세계만방에 알리겠다는 의도였다. 그래서 국가의 위상을 높여 주변국들이 함부로 넘보지 못하게 하려는 의도를 굳이 감추려고도 하지 않았다.

그런데 문제가 있었다. 만국박람회에 참가하기 위해서는 박람회장에 지어야 하는 대한제국관 건축비 10만 프랑과 박람회 기간 동안 내시를 임대하는 비용 5만 4,000프랑 등의 거금이 필요했다. 하지만 대한제국의 재정은 충분치 않았다.

대한제국이 비용 때문에 참가가 불확실해지자 한 나라라도 더 참가시키고자 했던 프랑스 정부는 대한제국에서 광산 채굴권을 따내고 싶어 했던 미므렐 백작을 대한제국에 소개해줬고, 그 덕분에 경복궁 근정전을 모델로 한 대한제국관 건축이 순조롭게 시작되었다. 대한제국관은 1900년 12월 6일자 《르 프티 주르날(Le Petit Journal)》의 삽화로 그 형태를 짐작할 수 있다.

만국박람회는 세계 각국에게 자국의 위상을 만방에 알릴 수 있는 좋은 기회였다. 광무황제 고종 역시 대한제국과 황제의 존재를 알리기 위해 모든 외교적 역량을 쏟아 부었다. 당시 프랑스 언론도 대한제국의 참가에 대해 "한국이 박람회에 참여한 것은 신선한 충격"이며 특이한 건축양식의 전시관과 한국 물품과 생산품들의 견본이 "이 신비로운 지역과 새로운 관계를 수립하고자 하는 욕망"을 불러일으키고 있다고 평했다. 대한제국은 파리 만국박람회에서 대상 1개, 금메달 2개, 은메달 10개, 동메달 5개, 장려상 3개를 수상하는 쾌거도 이뤘다.

그러나 1900년 4월 14일(공식 개막일)부터 11월 22일까지 프랑스 파리에서 열린 만국박람회는 대한제국이 참가한 마지막 국제행사가 되고 만다. 일제의 침략이 본격화되면서 1905년 을사늑약과 1907년 정미칠조약, 그리고 1910년 경술국치로 이어지는 비극의 소용돌이를 겪어야 했기 때문이다. 물론 고종황제는 을사늑약이 있은 후에는 당시 프랑스 주재 공사인 민영찬을 미국에 파견해서 '조약이 자신의 의지에 반해서 체결되었기 때문에 무효'임을 알리고자 했고, 1907년에는 네덜란드 헤이그에서 열린 제2회 만국평화회의에 이준·이상설·이위종을 파견하여 일제의 침략이 불법적이라는 것을 알리고 국제사회의 공조를 얻으려고도 했다. 그러나 그 모든 노력은 일제와 제국주의를 표방하고 있던 미국을 비롯한 열강들에게 외면당하고 말았다.

1 파리 만국박람회의 참여를 총괄했던 민영찬은 훗날 을사늑약의 불법성을 미국에 알리는 고종황제의 밀사로 활약했다.
2 민영찬을 '대한제국 황제의 밀사'라고 보고한 일본의 외교문서

베네치아 대운하의 보석

– 리알토 다리 Ponte di Rialto

이탈리아 베네치아 / 1588~1591년
안토니오 다 폰테
베니치아 공국

물의 도시라고 불리는 이탈리아의 베네치아는 석호 위에 흩어져 있는 118개의 섬들을 약 400여 개의 다리로 이은 독특한 시가지의 형태를 이루고 있다. 이러한 도시의 형태는 세계 7대 불가사의 중 하나로 여겨지기도 한다. 약 150만 개의 말뚝 위에 세워진 이 수상도시는 섬과 섬 사이의 수많은 다리가 중요한 교통로의 역할을 하는데, 그중에서도 최초라는 수식어와 함께 자체의 아름다움으로 유명한 다리가 있다. 리알토 다리다.

무역과 상업의 발달

10세기부터 동부 지중해 지역과의 해상무역을 통해 유럽에서 가장 부강한 도시로 성장한 도시가 베네치아다. 특히 베네치아를 가로지르는 역 S자 모양의 대운하 주변은 전 세계로부터 들어온 물품이 거래되는 장터나 다름없었다. 그러다 보니 넘쳐나는 상품들과 한쪽 둑에서 다른 쪽으로 넘어가고자 하는 사람들의 수요를 배가 감당하지 못하게 되었다. 다리가 필요해진 것이다. 이에 1181년 부교 형태로 건설된 것이 리알토 다리다. 리알토 다리는 취지에 맞게 베네치아의 역사 속에서 무역과 상업의 발달에 중요한 역할을 해왔다.

사건·사고를 딛고 무영의 건축가에게 돌아간 영광

리알토 다리의 오랜 역사만큼 많은 사건·사고가 있었다. 1444년, 외국 사신들을 태운 배들의 행렬을 구경하려고 다리에 몰려든 사람들의 무게를 견디지 못하고 다리가 무너져 내리는 사고가 발생했다. 그 후 이전보다 더 넓고 중앙 부분이 올라간 목조 다리가 새로 놓였다. 하지만 이마저도 1574년 큰 화재로 잿더미가 되고 말았다. 당국으로서는 더 이상 무너지지 않을 튼튼한 다리가 필요했고, 그 취지에 맞는 다리 설계도를 공모했다.

빈첸초 스카모치의 설계도

굴리엘모 마라스토니의 설계도

다리 건설을 위한 공모전에는 당대 최고 예술가들이 참여했다. 조각가이자 시스티나 성당의 천장화를 그린 미켈란젤로, 베네치아 곳곳에 많은 건축물을 남긴 팔라디오, 산 마르코 궁전과 도서관 건축의 주역인 산소비노 등 기라성 같은 인물들이 참여한 것이다. 그런데 이들은 모두 탈락의 고배를 마시고 말았다. 디자인이 너무 화려하다는 이유였다. 거장들의 설계도를 팽개친 당국은 백색의 대리석으로 단순하면서도 웅장한 아치형 구조를 선택했다. 명성도 없고 경력도 많지 않았던 베네치아 태생의 건축가 안토니오 다 폰테의 설계도였다.

리알토 다리의 목교 시절을 그린 비토레 카르파치오의 '리알토 다리를 건너는 성 미카엘'(1496)

악마와의 계약으로 완성된 다리

16세기 당시에 너비 26미터, 길이 48미터에 이르는 돌다리를 놓는다는 것은 보통 일이 아니었다. 그래서일까? 이 다리는 악마와의 계약을 통해 완성했다는 전설이 있다.

다리 건설로 고민하던 안토니오에게 악마가 나타났다.

    완공을 도와주겠다.
    대신…,
    그 다리를 첫 번째로 건너는 영혼을
    내가 갖겠다.

안토니오는 이를 수락했다. 악마가 '사람'의 영혼이라고 꼬집어 말한 것은 아니었기 때문이었다.

    사람 대신 짐승을 맨 처음 건너게 하면 되겠지.

하지만 인간은 언제나 악마의 상대가 되지 못했다. 악마는 거짓정보를 흘려 안토니오의 아내가 완성된 다리에 가장 먼저 오르도록 일을 꾸몄다. 결국 그의 아내와 뱃속의 아기의 영혼은 악마의 것이 되고 말았다. 죽음을 맞은 것이다.

사실인지 아닌지는 당사자인 안토니오에게 들은 바가 없으니 알 수 없다. 다만, 이쯤 되니 기억나는 것이 있다. 물을 건너기 위해서는 신이나 초자연적인 힘에 의탁해야 한다는 믿음이 오랫동안 우리 인간에게 있었다는 것을 말이다. 모세가 이집트에서 학대받던 유대민족을 이끌고 홍해를 건널 때 신에게 도움을 청했던 것처럼, 고구려 시조인 주몽이 형제들의 시기를 피해 동부여에서 도망칠 때 천제의 아들임을 내세웠던 것처럼….

2부 건축으로 읽는 역사

당시 물은 인간의 힘으로 어찌해볼 수 없는 것이었다. 그 깊이가 눈에 보이지도 않았고, 어떤 재난으로 이끌지도 알 수 없었다. 그런 물에 다리를 놓는다는 것, 게다가 대규모 대리석 다리를 놓는다는 것은 인간의 힘으로는 불가능한, 신이든 악마든 초월적 존재의 도움으로만 가능한 것으로 생각되었다. 그런데 그 다리가 현실이 되어 눈앞에 나타나자 사람들은 경외와 함께 두려움을 느꼈다. 다리 완공에 대한 수긍할 만한 그 무언가가 필요해진 것이다. 결국 인간의 가능성을 믿지 못하는 인간의 나약함이 악마라는 존재를 끌어들인 게 아닐까 싶다.

베니스의 상인, 샤일록의 다리

왕래가 많은 곳에는 시장이 형성된다. 리알토 다리도 그랬다. 베네치아는 리알토 다리 중심으로 상업이 발전했다.

베네치아에서는 리알토 다리를 보아라!

이런 말이 있을 정도로 베네치아를 대표하는 다리이며 중심 상권을 형성하고 있는 곳이기도 하다.

셰익스피어의 단편 〈베니스의 상인〉의 주인공으로 돈밖에 모르는 악명 높은 고리대금업자 샤일록의 상점도 바로 리알토 다리 시장에 있었다. 할리우드 영화 '베니스의 상인'이 이곳을 재현해 찍었다는 것도 이해가 된다.

리알토 다리는 그림, 신문삽화, 사진 등
다양한 장르로 그 기록을 남겨왔다.

2부 건축으로 읽는 역사

문화재를 지키는 것이 자존심을 지키는 일이다

1800년대까지 리알토 다리는 대운하를 걸어서 건널 수 있는 유일한 수단이었다. 그래서일까? 리알토 다리는 오늘도 여전히 베네치아를 대표하는 아이콘으로 많은 사랑을 받고 있다. 최근에는 이탈리아의 한 패션브랜드가 리알토 다리의 보존을 위해 73억 원이나 지원한 것도, 조심스럽게 복원공사를 진행하고 있는 것도 다 리알토 다리에 대한 애정에서 비롯된 것이라 여겨진다.

그들은 문화재를 지키기 위해 거금을 내놓는 것에 대해 "문화재를 지키는 것이 나라와 역사, 그리고 문화에 대한 자존심을 지키는 일"이라고 말한다. 역사와 문화는 어떤 비용을 치르고서라도 지켜야 한다는 것이다. 경주의 불상들이 종교가 다르다는 이유로 목이 잘려 나뒹굴고 화가 난다고 국보 1호였던 남대문에 불을 지르는 것을 지켜본 우리로서는 고개를 숙이지 않을 수 없다. 부럽기도 하고 부끄럽기도 해서….

베네치아와 십자군전쟁

베네치아가 역사에서 주목되기 시작한 것은 5세기로 스칸디나비아와 서북쪽인 독일에서 남하한 고트족과 롬바르드족에 밀려 내려온 사람들이 이곳에 터를 잡기 시작하면서부터다. 이후 인구가 늘자 7세기에 리더인 도제를 뽑아 도시국가적 형태를 이루기 시작했다. 이들은 당시 로마를 다스리던 동로마제국의 양해하에 아드리아해 중심의 해상권을 가지고 무역을 통해 부를 쌓았고, 1202년 제4차 십자군전쟁으로 경제부국의 기반을 닦았다.

1202년, 교황 인노첸시오 3세는 고민이 많았다. 동쪽에서는 셀주크투르크가 세력을 키우고 있었고, 유럽은 후계와 영토문제로 조각조각 나뉘어 싸우고 있었다. 또 세 번의 십자군전쟁은 상인들의 배만 키워놓았다. 전쟁 등을 통해 경쟁자를 물리친 도시 상인들의 경제력이 시 전체를 먹여 살리는 수준에 이르기 시작한 것이다. 교황은 이 산적한 문제를 일시에 해결하기 위해서는 군사력의 적절한 손실이 필요하다고 판단했다. 결국 네 번째로 십자군전쟁을 선포한다.

하지만 이미 교황의 힘과 권위는 연이은 십자군전쟁으로 추락할 만큼 추락한 상태였고, 성지 탈환이라는 성스러운 목적을 내세웠던 십자군전쟁도 경제적 이익을 얻는 전쟁으로 변모한 지 오래였다. 그러다 보니 예루살렘으로의 진격보다는 약탈거리가 많았던 이집트 침략에 군침을 흘렸다. 이런 상황에서 설상가상으로 베네치아에 모인 십자군의 규모도 이전과 같지 않았다. 게다가 그들의 능력으로는 베네치아에 도항료도 내지 못할 지경이었다. 이에 베네치아 도제는 공격목적지를 자신들을 배신한 달마티아(지금의 크로아티아 영토)로 변경하면 도항료를 면제하고 십자군전쟁을 지원하겠다고 제안했다. 결국 십자군은 교황의 제지도 무시하고 당시 헝가리 통제권 안에 있던 달마티아의 도시 차라로 진격해 정복해버렸다.

베네치아 공화국 통치자의 관저, 두칼레 궁전

인노첸시오 3세

그런데 일이 묘하게 흘러갔다. 반란을 계획한 동로마제국 황제 알렉시오스 3세의 조카가 베네치아 도제를 찾아온 것이다. 그는 황제를 몰아내고 자신과 옥에 갇혀 있는 자신의 아버지(황제 동생)를 공동황제로 세워주면 십자군의 이집트원정을 지원하겠다고 했다. 결국 십자군은 베네치아의 선동 아래 콘스탄티노플로 침략했고, 알렉시오스 4세를 즉위시키는 데 성공했다. 그리고 점령 후 사흘 동안 대상을 가리지 않고 가혹한 약탈을 자행했다.

알렉시오스 4세은 그들을 막을 힘도 권한도 없었다. 십자군의 이집트원정을 도울 만한 능력도 없었다. 약속 미이행으로 인한 분쟁을 막을 능력 또한 없었다. 결국 또다시 반란이 일어나고 알렉시오스 5세로 황권이 교체된다.

'1453년 콘스탄티노폴리스의 함락'(15세기)

이 과정에서 동로마제국의 영토는 콘스탄티노플과 소아시아(지금 터키의 아시아 부분)로 한정되고, 베네치아는 비잔틴제국·신성로마제국의 통제권으로부터 독립한 국가가 되었다. 이후 베네치아는 동지중해의 제해권까지 획득해 부를 쌓아가면서 르네상스를 주도하는 주인공으로 역사에 당당하게 이름을 올리게 된다.

그러나 1453년, 오스만제국에 의해 동로마제국이 멸망당하자 완충지역을 잃은 베네치아는 결국 오스만제국과 직접 대립하면서 위기를 맞았다. 여기에 1492년 콜럼버스의 신대륙발견으로 무역의 중심이 지중해에서 에스파냐와 포르투갈 주도의 대서양으로 넘어가면서 경제부국이라는 지위에 큰 타격을 입는다. 1503년에는 오스만제국과의 전쟁에서 패하면서 동지중해 제해권까지 잃어버렸다.

그리고 1792년, 중립 선언에도 불구하고 나폴레옹에게 점령당하고 말았다. 1,200년 독립국가 운명이 끝나고 만 것이다.

세계를 밝히는 자유

– 자유의 여신상 Statue of Liberty

주머니가 가벼운 배낭여행자가 뉴욕의 스카이라인을 한눈에 보고 싶을 때 가는 곳이 있다. 뉴욕 맨해튼에서 스태튼 아일랜드를 오가며 출퇴근하는 사람들을 무료로 실어 나르는 여객선이 있는 터미널, 세인트 사우스 페리다. 그곳에서 배를 탄 사람들은 일제히 배의 오른쪽 난간에 일자로 줄을 선다. 바로 자유의 여신상을 보기 위해서다.

미국 뉴욕 / 1875~1884년, 1886년 제막
프레데릭 오귀스트 바르톨디, 귀스타브 에펠
프랑스 공화국

미국 독립 100주년을 축하하는 선물

뉴욕항 입구에 세워져 있는 자유의 여신상은 뉴욕을 넘어 미국의 대표적 상징물로 꼽힌다. 그런데 이것을 제작한 사람은 미국인이 아니라 프랑스인이다. 제작한 나라도 미국이 아니라 프랑스다. 프랑스가 1886년 미국 독립 100주년을 기념하는 선물로서 자국의 예술가와 기술자를 고용해 만든 것이었다. 제작에 참여한 예술가는 조각가 바르톨디였고, 기술자는 건축가 에펠이었다. 자유의 여신상은 이들의 협업으로 완성되었다.

자유와 평등의 상징

바르톨디는 미국 독립을 자유와 평등의 상징으로 표현하고 싶었다. 그리고 그 상징이 전 세계로 퍼져나가는 것을 형상화하고 싶었다. 이에 그는 여신상의 오른손에 자유의 빛을 상징하는 횃불을 들려주었다. 그리고 북아메리카·남아메리카·유럽·아시아·아프리카·오스트레일리아·남극의 7개 대륙을 상징하는 일곱 개의 뾰족한 가시가 뻗친 월계관을 머리에 씌웠다. 미국이 이룩한 자유와 평등이 세계 7대륙에 퍼진다는 의미였다.

그런데 바르톨디는 이것만으로는 부족하다고 생각했다. 독립을 가시적으로 보여주어야 한다고 생각했다. 그래서 왼손에 로마숫자로 '1776년 7월 4일'이라고 쓰인 책을 들게 했다. 1776년 7월 4일은 바로 미국의 독립기념일이다. 여신이 들고 있는 책이 바로 미국의 독립선언서인 셈이다. 그리고 여신이 입고 있는 로마식 토가로는 공화정을, 그리고 여신 발아래에 있는 쇠사슬로는 노예제도의 폐지를 형상화했다.

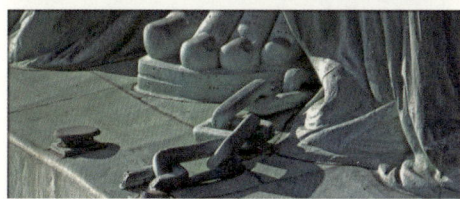

민주공화제와 노예해방

자유의 여신상을 미국에 선물하자는 의견이 처음 등장한 것은 프랑스의 역사학자이자 노예 폐지론자 라부라이에가 개최한 만찬행사에서였다. 당시 만찬에 초청된 인사들은 모두 진보적인 정치이념을 가진 사람들이었고, 이들은 당시 미국이 영국으로부터 독립한 후 이성적인 민주공화제를 실시하고 노예제도를 폐지하여 자유의 의지를 실천하고 있는 것에 매우 고무되어 있었다. 그런 자리에서 라부라이에는 미국의 독립 100주년을 기념하여 미국에 상징적인 선물을 보내자고 제안했다.

하지만 당시 프랑스는 나폴레옹 3세가 독재정치를 실시하던 때였다. 민주공화국을 칭송하는 상징물을 만든다는 것은 정권으로서는 용인할 수 없는 일이었다. 결국 이 계획은 실행으로 옮겨지지 못했고, 1871년 나폴레옹 3세가 물러가고 제3공화정이 세워진 다음에야 다시 추진될 수 있었다.

언제나 문제는 돈

대공사에 있어서 돈은 언제나 문제다. 자유의 여신상도 마찬가지였다. 그것도 선물을 받는 미국에서 말이다. 애초에 여신상은 프랑스에서 완성된 후 미국으로 운송할 예정이었고, 그렇게 진행되었다. 하지만 정작 미국에는 여신상이 세워질 장소를 마련하고 꾸밀 만한 자금이 없었다. 잘못하면 선물로 주는 자유의 여신상을 미국에 세우지도 못한 채 돌려보낼 판이었다. 그렇다고 아무 준비도 할 수 없는 형편에서 그 거대한 조각상을 무턱대고 받을 수도 없었다.

미국 자금위원회는 묘안을 냈다. 국민들의 애국심에 호소하는 한편 1달러를 기부하면 〈뉴욕세계일보〉에 기부자의 이름을 실어주겠다고 발표한 것이었다. 통한 것일까? 각지에서 기부금이 모였고, 7년을 모아도 이룰 수 없을 것만 같았던 금액을 단 5개월 만에 모을 수 있었다.

1886년 막바지 공사 때의 스케치   리버티로섬(당시 베들로스섬)에서의 기단공사 스케치

이집트 여인이 될 뻔한 여신

그런데 이런저런 논의가 있기 이전에 바르톨디는 알렉산드리아의 거대한 파로스 등대를 능가하는 조형물을 수에즈운하 입구에 세울 계획이었다. 이집트의 거대한 기념물들에 견줄 수 있는 작품으로 이집트 여인 모습의 여인상을 계획했던 것이다. 하지만 돈 문제로 실행을 하지 못하다가 미국에

마르텐 반 헴스케르트의 '파로스 등대'(16세기)

줄 기념물을 제작한다는 소식을 접하게 됐다. 바르톨디는 곧바로 정부에 자신의 계획을 설명했고, 결국 제작에 참여하게 되었다. 하지만 이집트 의상을 입은 이집트 여인을 뉴욕에 세울 수는 없었다. 그래서 여신의 머리에 관을 씌우고, 얼굴에 드리웠던 베일을 없앴으며, 이집트 의상 대신 로마식 토가를 입혔다.

1886년 6월, 조립식으로 만들어진 여신상은 상자 200개에 나뉘어 프랑스 프리깃함 이세르(Isere)호를 타고 뉴욕항을 통해 드디어 미국으로 들어왔다. 조립식 부품은 하적되자마자 현장에서 바로 조립되었고, 10월 중순에 모든 작업을 완료했다. 그리고 그해가 가기 전, 미국 대통령 그로버 클리블랜드가 참석한 가운데 제막식을 가졌다. 계획보다 10년 늦은 1886년 10월 28일의 일이었다.

아메리칸 드림의 길잡이

> 자유롭게 숨쉬길 갈망하는
> 너의 지치고 가난한 무리들을 내게 보내다오.
> 네 풍요로운 해안의 가엾은 찌꺼기를,
> 집 없고 세파에 시달린 이들을 내게 보내다오.
> 내 황금의 문 옆으로 등불을 들어 올리니.

이 시는 1903년에 기단에 새겨진 미국 작가 에머 래저러스의 '새로운 거상'이란 시다.

19세기 전반, 미국의 인구는 30년 만에 거의 두 배가 되었다. 이런 비정상적인 인구증가는 당시 유례가 없을 정도로 많았던 이민자들 때문이었다. 당시 이민자들이 처음 미국에 도착하여 이민수속을 밟았던 곳이 바로 자유의 여신상 근처 엘리스섬이었다. 이곳에서 서류검사나 신체검사 등의 절차를 거친 후에야 뉴욕으로 들어올 수 있었다. 현재 미국인의 약 40%에 이르는 사람들의 조상이 이곳을 통해 미국에 첫발을 내딛었던 것이다.

그러다 보니 그 옛날 이민선을 타고 미국으로 들어온 사람들은 자유의 여신상을 보면서 무사히 도착했다는 안도감과 함께 새로운 삶에 대한 희망을 품었다고 한다. 19세기에 아메리칸 드림을 좇아 미국을 찾았던 많은 이민자들에게 자유의 여신상은 새로운 땅에서의 새 출발을 의미했다. 그들에게 미국은 희망의 땅이었다. 자유의 여신상은 그들에게 꿈의 상징이었고, 새로운 삶의 여정을 밝혀주는 희망의 등대였다. 아니, '머물 곳 없는 가여운 자들을 자신에게 보내달라'는 시 구절처럼 여신상은 낯선 땅을 찾은 이들에게 "어서 오라", "잘 왔다" 하며 품어주는 어머니 여신이었다.

미국에서 먼 나라에 살고 있고, 또 미국에 이민을 갈 계획도 없는 이들에게 그것이 무엇인지는 중요하지 않다. 다만, 확실한 것은 있다. 프랑스에서 태어났지만 가장 미국적 존재로 자리 잡은 여신상이 아메리칸 드림을 품고 낯선 이국땅에서 미국의 주축으로 성장한 이민자들의 역사를 투영하고 있다는 점이다. 그런 의미라면 자유의 여신상을 '대표 이민자'로 불러도 좋지 않을까?

기억해두면 쓸! 데 있을걸   자유의 여신상은 속이 비었다

자유의 여신상을 예술적으로 구상한 것은 바르톨디였지만 뼈대는 에펠 탑을 탄생시킨 귀스타브 에펠의 회사가 제작했다. 협업은 이 거대한 구조물을 완성하는 데 구조적인 어려움을 겪고 있던 바르톨디의 요청으로 이루어졌는데, 교량설계에 탁월한 능력을 갖고 있던 에펠에게 내부의 지지설비를 설계해달라고 요청한 것이다.

에펠은 덩치에 비해 가볍고 속이 텅 비어 있어 바람에 약한 문제를 해결하고자 여신상 내부에 철골 구조물을 넣자고 제안했다. 뼈대를 놓는 원칙은 간단했다. 에펠 탑에도 적용한 방법인 격자형 마스트를 이용하는 것인데, 네 개의 수직기둥으로 된 중심탑과 반듯하거나 구부러진 틀이 삼각형 구조 안에서 서로 결합되도록 하는 것이었다.

또한 당시 많이 사용하던 연철들을 중심탑과 연결한 다음 2.37밀리미터에 불과한 300여 개의 구리판들을 여신상의 외피에 부착했고, 그런 연후에 이것들을 일일이 망치로 두드려 성형했다. 현재 자유의 여신상은 내부의 복잡한 철골구조로 무게를 지탱하고 있다. 중앙에 보이는 나선형 철제계단은 나중에 보수공사를 하면서 새로 설치한 것이다.

한편 철근콘크리트로 속을 만들고 화강암으로 표면을 장식한 기단은 당시 세계 최대의 콘크리트 구조물로 미국의 건축가 리처드 모리스 헌트가 설계했다. 그 아래에 펼쳐진 별 모양의 받침은 80여 년 전에 해상 침략으로부터 뉴욕을 방어하기 위해 세운 요새를 활용한 것이다.

자유의 여신상 내부

신기술과 개혁정신이 빚은 위대한 유산

– 화성(華城)

어릴 때 아버지의 죽음을 지켜봐야 했던 소년은 청년이 되어 할아버지의 뒤를 이어 왕이 되었다. 새 왕의 주위에는 아버지를 죽음으로 몰고 간 이들로 가득했고, 이들은 새로운 왕명에 매번 반기를 들었다. 왕은 새로운 수도가 필요했다. 정적들의 경제·정치적 기반이 탄탄한 현재의 수도에서 벗어나야 했다. 그러려면 새로운 궁궐이 필요했다. 그래서 가장 믿고 의지한 친구이자 신하를 불렀다.

새로운 궁궐을 화성에 건설하라.

그날 명을 내린 이는 조선 역사상 가장 개혁적이었다고 평가를 받는 정조대왕이다. 또 명을 받은 이는 조선 후기 실학자 정약용이다. 그리고 그날의 왕명으로 건설된 새로운 궁궐이 바로 화성이다.

2부 건축으로 읽는 역사

대한민국 경기도 수원 / 1794~1796년
정조대왕, 정약용
정조대왕 / 조선시대

내 아버지의 묘소에 가리라

정조대왕은 개혁적이고 창조적인 군주이자 정치적 안정과 문예 진흥에 힘을 쏟은 왕이었다. 규장각을 세워 측근 세력의 결집을 위한 구심점으로 활용하는 동시에 기득권 세력에 맞대응했고, 장용영을 설치해 왕권강화를 위한 무력기반을 구축했으며, 신해통공을 발행해 시전상인과 결탁한 노론 벌족을 견제했다. 하지만 이러한 업적보다는 그의 불행한 생애가 조명되어왔던 것이 사실이다. 뒤주에 갇혀 비참한 죽음을 맞은 사도세자의 아들로서, 어린 나이에 아버지의 죽음을 직접 목격한 불행한 인물로서 말이다.

화성도 그렇게 조명되었다. 아버지의 죽음을 아파했던 정조는 자신이 즉위한 지 13년이 되던 1789년, 죄인으로 단죄된 아버지를 복권 및 추승하고 죄인의 초라한 무덤을 수원 화산(花山) 아래의 천하명당에 왕릉만큼의 격상된 계율로서의 현륭원을 갖춰 옮겼다. 그리고 다시 5년을 기다려 효도의 유교윤리를 명분으로 내세우며 행궁과 화성 건설에 착수했다. 바로 아버지의 묘소에 성묘를 가기 위해 행궁과 화성을 건설했다는 것이다.

1795년 윤2월 모후 혜경궁 홍씨를 모시고 아버지 사도세자의 능으로 행차하는 모습을 그린 기록화
'정조대왕 능행반차도(陵幸班次圖)'의 일부

왕을 위한 왕의 거처가 필요하다

당시에는 지금처럼 방탄차를 타고 경찰 오토바이의 호위를 받으며 기동력 있게 움직일 수가 없었다. 호위하는 무사들과 병사들이 있어야 했고, 수행하는 궁녀들과 내시들이 있어야 했다. 가마를 타면 가마를 들 가마꾼이 필요했고, 말을 타면 말을 끌고 말을 관리하는 마부들이 있어야 했다. 문제는 그뿐이 아니다. 서울과 수원은 지금처럼 1시간이면 가 닿을 수 있는 거리가 아니었다. 수원까지의 행차는 무려 8일이나 소요되었다. 그러자면 그 많은 인원이 먹고 마실 수 있는 음식과 물이 필요했고, 때마다 음식을 만드는 수라간 나인들이 필요했다. '정조대왕 능행반차도'만 보더라도 그 규모가 가히 짐작이 간다.

능행은 일개 선비의 행차가 아니었다. 더구나 성묘를 위해서라도 화성에 머물러야 했다. 왕이 일반 주막에 머물 수도 없었고, 주막이 그 많은 인원을 수용할 수도 없었다. 그것이 바로 정조가 내세운 행궁과 화성의 건립 목적이었다.

외적을 막아내기 위한 요새

그런데 이상하다. 꼼꼼히 보면 볼수록 경복궁이나 창덕궁 같은 궁으로는 보이지가 않는다. 동서남북으로 향한 문도 그렇고, 성곽 곳곳의 포를 쏠 수 있는 포대와 감시를 위한 망루와 돈대, 게다가 위급상황을 널리 알리는 봉수대까지 있다. 다연발 활인 쇠뇌를 쏘기 위한 노대에 군사를 지휘하는 지휘소도 있다. 심지어 비밀리에 군수품을 조달할 수 있는 비밀의 문, 암문이 다섯 개나 숨겨져 있다. 아무리 봐도 왕을 위한 궁궐이 아니라 방어를 위한 요새다.

임진왜란과 병자호란을 겪은 지 200년이 되어가지만 전쟁의 상흔은 당시 경복궁 곳곳에 남아 있었다. 경복궁이나 창덕궁 같은 당시 궁궐은 외적의 침입에 속수무책이었다. 그래서 비교적 강력한 왕권을 바탕으로 조선의 중흥을 이끌었던 숙종도 지금의 북한산 북쪽 백운대 아래 계곡에 은신처가 될 만한 행궁을 세우고 행궁을 보호하기 위해 산등성이를 돌아 쌓아 올렸다. 바로 그것이 북한산성이고, 북한산 북쪽 계곡에 성문이 존재하는 이유다. 비록 북한산의 행궁은 일제강점기 폭우와 산사태로 매몰되어 버렸지만, 여전히 과거 어느 때에 왕의 행궁이 존재했음을 북한산 곳곳에서 발견할 수 있다. 이런 상황이다 보니 화성의 건재함은 반갑고도 고마운 일이 된다.

왼쪽 위부터 차례대로
북암문, 창룡문(북문), 노대
북포루, 봉돈(봉수대), 안쪽 봉돈
동이치(방어시설), 화성의 성곽

북한산 중성문 　　　　　　　　　　　　북한산 행궁터(행궁지)

내적을 견제하기 위한 왕의 도시

정조도 마찬가지였다. 청나라를 오가는 사신과 학자들을 통해 세상이 변하고 있음을 파악하고 있었으며, 일본에도 촉각을 곤두세우고 있었다. 그리고 또다시 외환이 닥쳤을 때 속수무책으로 당할 수 없다는 의지가 증조할아버지 숙종와 같았다. 그러기 위해서는 방어와 공격에 용이하고 장기전이 가능한, 계획된 성곽과 도시가 필요했다.

그리고 또 하나, 정조에게는 드러내지 않은 깊은 노림수가 있었다. 평생 정조는 죄인의 아들이라고 자신을 폄하하고 호시탐탐 자신을 노리는 노론 벌족 틈바구니에서 살았다. 그리고 한성은 그들의 텃밭이었다. 그들은 정치적으로뿐만 아니라 시전상인과 결탁해 막대한 부를 축적하고 있었다. 때문에 나라의 곳간은 텅텅 비어 있었다. 부패한 벌족들을 내치고 세울 새로운 정조의 정치는 한성에서는 이룰 수 없는 것이었다. 결국 정조는 조선의 수도를 옮기는 꿈을 꿨다. 친정을 위해 베르사유 궁전을 세웠던 루이 14세처럼….

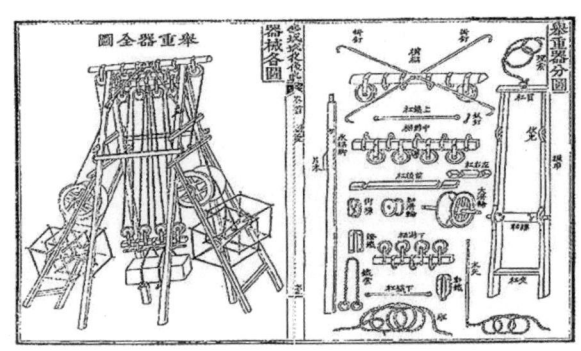

《화성성역의궤(華城城役儀軌)》에 나오는 '거중기전도'

실사구시의 과학

약 6킬로미터에 달하는 화성 성곽의 건설은 조선 역사에서 한양 건설 이후 가장 큰 규모의 사업이었다. 그 중요한 일을 정조는 홍문관 수찬 정약용에게 맡겼다. 왕명을 받은 정약용은 유성룡의 《성설》과 청나라에서 들여온 《기기도설》을 바탕으로 연구를 거듭했다. 《성설》은 성 쌓는 방법을 해설한 책이고, 《기기도설》은 여러 가지 기구에 대한 그림과 해설이 실린 책이었다. 정약용은 이들 책의 내용 중에 좋은 것만을 가려 뽑아 조목조목 분류한 다음 우리 현실에 맞게 수정했고, 마침내 〈수원성제〉라는 글로 정리하여 정조에게 바쳤다. 수원성을 쌓기 위한 전체적인 계획과 그 방법을 적은 일종의 계획서였다.

정약용은 그 계획서에서 '거중기'라는 기구의 필요성을 역설했다. 거중기는 도르래와 톱니바퀴를 이용해 무거운 것을 들어 올릴 수 있는 기계다. 오늘날의 크레인쯤 되겠다. 그는 자신의 《기중총설》에 거중기에 대한 이런 설명을 붙여놓기도 했다.

나는 힘을 내는 기중기를 만들었다.
이 기계는
겉으로는 보잘것없이 보일지는 모르지만
사실은 큰 비밀이 숨겨져 있다.
성문에 쌓는 돌은 한 개에 수만 근이나 되어
천 사람이 힘을 모아도 들기 어렵다.
그러나 이 기계는
마치 솜을 들어 올리듯 쉽게 들 수가 있다.
일꾼이 많이 필요하지 않으니
나라의 재정도 허비되지 않을 것이다.
그 이로움이 크지 않겠는가.

백성들의 삶에 해가 되지 않게 하라

현륭원이 조성이나 화성 공사 같은 국가사업에는 백성들의 피해가 있기 마련이다. 본래부터 현륭원 땅에 살던 백성들은 쫓겨나야 했다. 또 조선에 사는, 그리고 양반이 아닌 일반 백성들은 농사도 져야 했고, 나라의 큰 공사에도 끌려 나가 일해야 했으며, 외적이 침입하면 삽과 괭이를 놓고 강제로 끌려 나가 병사로서 적과 싸워야 했다. 무엇을 하고 있든 일단 손을 놓고 공사에 차출되어야 했던 것이다. 정조나 정약용도 그것만은 막을 수 없었다. 대신 대안을 내놓았다.

먼저 현륭원 땅에 살던 200가구 남짓의 백성들에게는 화성 안에 집을 만들어주고 이주비용까지 대주었다. 이들이 생활에 불편을 겪지 않도록 시장을 마련하고 상인들도 유치했다. 또한 부역에 있어서도 거중기를 이용해 인부가 많이 필요하지 않도록 했으며, 공사감독감이 백성들을 함부로 대하지 못하도록 철저히 교육하고 감시해 불편이 없도록 했다. 그뿐이 아니었다. 매번 빠지는 사람이 있으면 뇌물을 주고 빠진 것은 아닌지 조사해 돈으로 불공평한 일이 일어나지 않게 했으며, 동원된 백성들에게 주어지는 보상도 철저히 관리·감독해서 받지 못하는 일이 없도록 했다. 이렇게 과학이 동원되고 부역에 불공평한 일이 없게 하자 공사는 빠르게 진척되었다. 결국 10년을 기약하고 정조 18년(1794)에 시작한 공사는 불과 3년 만인 정조 20년 9월에 완공되었다. 정조와 정약용의 남다른 열정과 탁월한 지혜의 결실이었다.

소통하라, 그것이 위정자의 의무다

물론 정조가 태평스런 시대에 막대한 비용을 들여 성을 쌓은 이유에 대해 여전히 의견이 분분하다. 수도를 화성으로 이전하기 위해 왕위를 세자에게 물려준 후 자신은 화성에서 살며 상왕으로서 정치에 관여하려고 했다는 설도 있다. 하지만 누구도 부정할 수 없는 사실은 화성이 정조의 꿈을 펼칠 새로운 세상이었다는 것이다. 역사적 사례에 비춰볼 때 이 정도의 인원과 공사비가 소요된 대공사는 민심의 거대한 반발을 야기했다. 하지만 화성 축조의 경우만큼은 예외였다. 무사공평한 정부의 태도와 적절한 보상, 벼슬아치나 공사감독감의 비리 없음, 여기에 과학기술까지 더해져 노동의 강도까지 낮아지자 백성들은 반발 대신 적극적 참여로 화답했다.

정조는 백성들의 삶에 불편이 없는 나라를 만들고 싶었다. 그렇기에 조선 사회의 개혁, 그리고 이 개혁을 함께할 선진적 인물과 도시가 절실히 필요했다. 그것이 화성이었고, 정약용과 같은 젊은 인재들이었다. 그래서일까? 정조의 시문집 《홍재전서》에는 '소통'이란 말이 많이도 나온다.

화성이 완성된 후 어머니 혜경궁 홍씨를 모시고 화성으로 능행을 가는 여정도 정조는 허투루 하지 않았다. 백성들의 상언을 허용하여 대민 접촉과 민안을 해결하는 수단으로 삼았다. 국왕의 동정과 국정을 기록한 일기 《일성록》에서도 백성들에 대한 정조의 마음을 짐작할 수 있는 글귀가 있다.

> 온 산에 가득한 백성들과
> 들에 가득한 곡식을 보니 감회가 있도다.
> 연사(年事)가 다행히 평년보다 잘된 것도 황천이 돌보심이다.
> 관광민인(觀光民人) 또한
> 담장처럼 둘러서니 억만을 헤아리는구나.
> 노인과 아이들을 이끌고서 길을 가득 메웠도다.
> 내 오늘 이곳에 임하여 이 백성들을 대하니
> 한 가지 생각에 가슴이 뛴다.
> 어찌하면 모든 이들의 마음을 얻을 수 있을 것인가.
> 오직 믿는 것은 경들이 돕고 보좌하는 정성뿐이다.
>
> - 《일성록》 78책, 정조 3년 8월 3일

화성은 백성들의 정성, 젊은 인재의 기술, 정조의 추진력이 효과적으로 결집된 대역사였다. 중흥을 맞았던 조선의 모든 역량이 총동원된 것이다. 또한 군사적 방어 기능과 상업적 기능을 함께 갖추고 있으며, 구조 또한 실용적이다. 그것이 동양 성곽의 백미로 평가받는 이유고, 세계문화유산으로 등재된 이유다.

1 왕이 머물던 화성의 행궁
2 화홍문(북쪽 수문)의 야경

정조의 죽음, 조선 르네상스의 종말

영조의 뒤를 이어 조선의 22대 왕이 된 정조는 왕권 강화를 위해 의리에 바탕을 둔 준론(峻論) 탕평을 펼쳤다. 즉, 당파나 파벌의 구분 없이 왕에게 의리를 지키는 사람을 중용하겠다는 정치적 원칙을 내세운 것이다. 일단 그러기 위해서는 노론의 일방적인 독주를 막아야 했다. 이에 노론에 대응할 세력으로서 장희빈의 사사사건과 함께 숙종 때 몰락한 남인을 등용시켰다. 당파 간의 세력균형을 유지함으로써 왕권을 강화하고자 한 것이다.

그런데 평생 아버지 사도세자에 대한 아픔을 정치개혁의 원동력으로 삼아 일관된 통치원칙을 고수했던

정조의 어진

정조가 갑자기 죽고 말았다. 큰 병이 있었던 것도 아니었다. 더욱이 '오희연교' 발표로 국정 주도의 정점을 찍은 지 한 달도 채 지나지 않았을 때였다.

정조 24년(1800) 5월에 발표된 '오희연교(五晦筵敎)'는 사도세자의 죽음을 억울한 죽음으로 규정한 하교였다. 그런데 이는 '사도세자의 죽음은 정당했다'고 주장하는 노론의 정치적 원칙을 정면으로 반박한 것이었다. 관련된 자를 처단하지는 않을 것이라고 밝히기는 했지만, 실제로 이는 노론 벽파에 대한 정치적 협박이었다. 노론 벽파로서는 그야말로 발등에 불이 떨어진 것이었다. 이제 그들은 언제고 정조와 남인에게 몰려 정치적으로 완전히 숙청될 수 있다는 불안감에 휩싸였다.

그렇게 정치적으로 민감했던 때 갑자기 정조가 죽고 말았다. 이 때문에 현대 사학에서는 '정조 독살설'을 의심하기도 한다. 당시에도 마찬가지였다. 정약용은 자신의 책 《여유당전서》에서 노론 벽파의 수장이었던 좌의정 심환지가 심인을 시켜 독약을 올렸다고 독살설을 강력히 주장했다.

아무튼 이제 조선의 권력은 왕이 아닌 외척과 노론의 손아귀에 떨어졌다. 조선의 르네상스를 일궜던 정조였지만 갑작스런 죽음을 막을 방법도, 조선이 칠흑 같은 혼돈의 나락으로 이끌려 들어가는 것도 막을 수는 없었다.

이후 조선은 어린 왕들이 잇따라 왕위에 오르면서 외척에 의한 세도정치가 이어졌고, 이들의 부정부패로 나라의 곳간은 거덜이 났다. 또 백성들은 학정과 수탈에 시달리다 농기구를 무기로 하여 각지에서 봉기했다. 여기에 서구 열강과 일찍이 제국주의에 물이 든 일본까지 이 땅에 군침을 흘리면서 야금야금 침략해 들어왔다. 그렇게 안팎으로 몰아치는 환란을 막아낼 왕도 정부도 관리도 없던 시절이 100년이나 이어졌다. 정조의 죽음에 아쉬움이 남는 이유다.

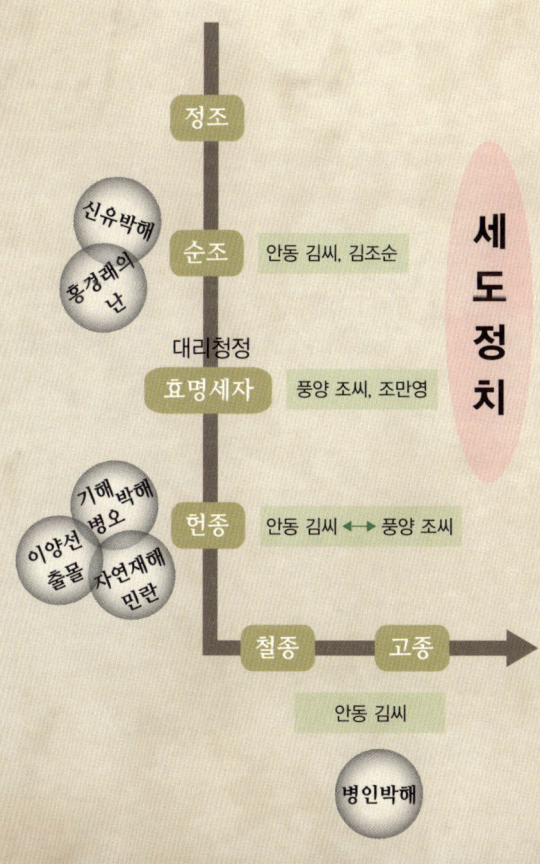

기해두면 **쓸!데** **억**있을걸 뒤주대왕과 애기능

어느 날, 한 선비가 하인 한 명과 함께 조용히 현륭원을 찾아가고 있었다. 그때 농부가 저 멀리에서 다가왔다.
"이것 보시오! 나 좀 봅시다."
선비가 농부를 불러 세웠다.
"왜 그러시오?"
농부가 돌아보자 선비는 손으로 현륭원을 가리켰다.
"저렇듯 훌륭하게 단장된 것을 보아서는 예사 묘가 아닌 듯싶은데, 대체 누구의 묘요?"
농부는 선비의 손끝이 가리키는 곳을 힐끔 본 후 이맛살을 찌푸렸다.
"허! 보아하니 선비인 듯한데 어찌 그것도 모르시오?"
한심하다는 듯 혀까지 찼다.
"저곳은 억울하게 돌아가신 뒤주대왕을 모신 애기능이오."
농부는 마치 억울한 일을 당한 것이 자신인 듯한 표정을 지었다.
'뒤주대왕이라…….'
뒤주대왕. 바로 뒤주에서 죽음을 맞은 사도세자를 이르는 말이었다.
일찍이 영조는 '사도세자의 일은 더 이상 논하지 말라'는 왕명을 내렸다. 그 사건을 논하는 과정에서 벌어질 당쟁을 피하기 위해서였고, 손자인 세손(정조)이 당쟁의 중심에서 흔들리다가 아들처럼 희생되는 것을 막기 위해서였다. 세손을 일찍 죽은 맏아들 효장세자의 양자로 삼은 것도 그 때문이었다.
때문에 사도세자는 죽어서도 죄인이었다. 대왕이나 임금이라는 존칭도 쓸 수 없었다. 그래서 왕릉에 버금가는 묘소로 가꿔 놓기는 했지만 공식적으로는 능이라고 할 수도 없었다. 그런데 시골의 남루한 농부가 사도세자를 대왕이라 부르고, 그 묘소를 능이라 한 것이다. 그것은 왕이었던 정조도 할 수 없는 일이었다.
"나는 한양에 사는 이 주사라고 하오만, 존함이 어떻게 되시오?"
선비는 친근하게 인사를 하며 농부의 이름을 물었다.
"간촌에 사는 이 생원이라고 하오."
"아, 농부인 줄 알았는데 선비셨군요."
"글공부만 할 수 없는 형편이 아니어서 낮에는 이렇게 농사를 짓고 있지요. 공부한다고 식구들을 굶어 죽일 수는 없지 않겠소?"

조선시대의 양반은 농사나 장사를 하지 않았다. 학문을 닦는 것만 해야지 먹고사는 일을 하는 것은 양반의 체면을 깎아 먹는 일이라고 여겼던 것이다. 하지만 농부는 자신이 농사를 짓는 것을 조금도 부끄러워하지 않았다.
"과거공부는 하고 계시오?"
"그렇긴 한데, 농사일로 피곤한 탓인지 원래 재능이 없는 탓인지 번번이 낙방만 하고 있소이다. 가문에나 식구들에게나 면목 없는 처지지요."
식구들 이야기가 나오자 농부는 멋쩍게 웃으며 뒷머리를 긁적였다.
"내가 한양에서 들은 얘기로 며칠 후에 과거시험을 예고하는 방이 붙을 거라고 하더군요. 잘 알아보시고 이번에 응시하셔서 꼭 급제하시오."
며칠 후 정말로 여기저기 방이 붙었고, 얼마 지나지 않아 과거시험이 있었다.
이 생원도 과거를 보기 위해 시험장으로 갔다. 그리고 시제를 보고 깜짝 놀랐다. 시제가 '간촌의 이 생원과 어느 한양 선비의 대화'였던 것이다. 물론 정답을 쓸 수 있었던 건 이 생원뿐이었다. 그가 장원급제를 한 것은 두말할 나위가 없었다.
그날 현륭원으로 이르는 길목에서 이 생원이 만난 한양 선비 이 주사는 바로 '왕이 아닌 아들'로서 아버지의 묘소를 찾은 정조였던 것이다.

수원에 있는 융릉(사도세자, 왼쪽)과 건릉(정조)